京大の古典
25カ年［第2版］

江端文雄 編著

教学社

はじめに

　本書は、京大の過去問をできるだけ遡って入手したいという受験生の要望に応えるために編集されたものである。タイトルにある通り過去二五カ年の問題が収めてある。これだけあれば十分だろう。

　全国の大学の中で国語の入試問題がもっとも難しいのは京大である、というのが受験国語の指導に当たる高校・予備校の先生方の一致した意見だろうと思う。私も受験指導する立場にあったためにさまざまな大学の入試問題を解いてきたが、京大の問題は別格であった。では京大の問題の難しさはどこにあるのかと言えば、それは深い読み込みへと誘うような問題文が出題されること、単なる問題文の引用では高得点にならず、質の高い解答を短時間でまとめ上げなければならないこと、この二点を指摘できる。古文においては、解釈の分かれるような箇所が敢えて問われることもある。

　このような傾向を考えると、京大の受験生が国語対策として取り組むべきものは、何よりも過去問だと言える。できるだけ多くの過去問と格闘して、読解力と表現力の涵養に努めてほしい。

　付言するならば、今の大学入試は知識偏重だ、人物重視の入試に改めよ、などと主張する人たちにこそ本書を繙いて入試のあり方を議論してもらいたい。

江端文雄

目次

【本書の利用法】

本書は京大の国語の入試問題のうち、古文を過去二五カ年（一九九八年度から二〇二二年度まで）にわたって研究したものである。かつて不動であった出題形式は、現代文二題とあわせて大問三題（理系はうち二題を選択）、試験時間文系一二〇分、理系九〇分というものであった。しかし二〇〇七年度以降は文系と理系が別問題になり、理系も大問三題（現代文二題・古文一題）が必須となった。とはいえ理系は文系よりも小問数が少なく、試験時間は九〇分のままである。

本書を利用するうえで留意してほしい点を以下にまとめておく。

一　問題のレベルを知る

京大で出題される文章は、深い思考力や洞察力を必要とするものが多い。単に字面だけを追うような理解の仕方では満足な解答は作れない。語句に込められた筆者の真意を探る深い読みが求められると同時に、それを適切に表現する記述力が問われている。京大の国語は難しいと言われるゆえんはそこにある。他の多くの国公立大学のように文章の中の適当な箇所を拾ってまとめればいいというような要領のよさを、京大の問題は求めていない。真の読解力と表現力が問われていることを承知してほしい。

二　本文と設問パターンに慣れる

二〇二三年度一般選抜入学者選抜要項には、国語の出題方針として「日本語の文章の論理や論旨、あるいは作者の心情や表現の意図を、的確に理解し、自らの言葉で論理的にその理解を表現できることを評価します。そのため、文章のジャンルとして論説文、随筆、小説など、さらに文体についても明治擬古文まで含め、幅広く問題文を選び、漢字の書き取りや、文章表現の持つ意味、あるいは論理展開の説明をはじめとして、登場人物の言動に託された著者の意図、さらには問題文全体の論旨を問うなど、論述の形式で問題を課します」とある。

さらに、古典の出題方針について「古典文法についての正確な理解を持つとともに、古典の修辞などの基礎知識をもち、的確に古文及び漢文の文章を理解できると同時に、原文を現代語訳できることを評価します。そのため、物語や歴史、随筆、日記をはじめとして、ジャンルや時代を限らず、幅広く問題文を選び、語句や修辞の説明、文章の現代語訳、さらに登場人物の言動の理解から問題文全体の論旨に至るまで、さまざまな形式で論述問題を課します」とされている。「古典文法」「古典の修辞」と特記されており、設問では両者の理解を的確に試せる和歌の解釈が頻出している。なお、漢文が独立した大問として出題されたことはないが、文系では、二〇一六～二〇一八年度と連続して問題文または設問の中に漢文が引用されており、漢文の習得も欠かせない。

出題される文章については、近世文が比較的多い点を指摘しておく。そしてそれと関連することとして、中古文とは一味違う俳味風の文章が好まれているようで、中古文ばかり読んでいたのでは不十分である。また、中世～近世の著者による、古典の解釈を論ずる文章（二〇二二年度文系『国歌八論余言』、二〇二〇年度理系『北辺随筆』、二〇一九年度文系『三のしるべ』、二〇一七年度文系『夜航余話』、二〇一六年度文系『勢語臆断』、二〇一四年度理系『百人一首聞書』『牛の涎』、二〇一二年度文系『百首異見』といった古典注釈書や歌論・随筆など）がかなり頻繁に登場する。これは他大学にはない京大らしい特徴である。

三　解答形式に慣れる

解答形式で特徴的なのは、やはり全問記述式で解答欄が大きいことである。解答欄の大きさは各設問に示してあるが、二〇〇四年度以降ほとんどの解答欄に罫線が施されている。それ以前は罫線のない枠のみが用意されていた。いずれの場合も、一行に二〇～二五字程度を目安にすればよい。別冊問題編巻末の「解答欄の例」を参考に、解答欄を自分で作成して実際に書いて練習しよう。

四　時間を決めて解く

文系は三題で一二〇分、理系は三題（二〇〇六年度までは二題選択）で九〇分なので、一題につき文系で三五分以内、理系で二五分以内を目安に挑戦してみよう。記述量が多いので時間的な余裕はあまりないだろうが、限られた時間内で答案を作成するという練習は不可欠である。また時間内に解けたからといってすぐに解答例を見るのではなく、余った時間をフルに活用して自分の答案をチェックするという練習をしておけば本番でも役立つだろう。とはいえ最初のうちは制限時間を守るのはなかなか難しいだろうから、少しずつでも解答時間を短くしていくとよい。

五　的確な自己採点を行う

記述式の問題の自己採点に不慣れな諸君も多いと思うが、これを行うことで学習の効果が格段に変わってくるので、問題を解くのと同じくらいの心構えで、丁寧な自己採点を心がけよう。現代語訳問題は語句の意味や文法・句法など、可否が明確に判断できる要素が多くあるので、特に厳密に確認しよう。説明問題についてはまず自分の答案と解答例をしっかり見比べ、重なっている部分、ずれている部分を見極めよう。その際、細かな字句の差異にはこだわらず、内容的な異同を確かめることが大切である。続けて解説を読んで、**解答ポイント**を参考に、自分の答案が解答のポイントをどの程度おさえているかをしっかり確認しよう。自己採点ができたら、もう一度自分の言葉で答案を作ってみるとよい。自分の答案を客観的に見る目を養うことも、実力をつけるには欠かせないステップである。本書に示した解答例と解説を参考に、語彙や表現の幅を広げようという姿勢が大切である。

六　文系・理系両方の問題を解く

前述したように、二〇〇七年度以降は第二・第三問が文系・理系別問題となった。少数の例外を除いて、ほとんどは文系の方が難度が高く、二〇〇六年度以前の高水準を維持している。しかし作問の姿勢は同じであるから、特にこだわる必要はなく、文系・理系両方とも解いてみてほしい。まず理系の問題を解いて手応えを感じ取ってから文系の問題に挑戦するのも一法である。二〇〇六年度以前の問題についても、可能な限り挑戦されたい。なかには「一度出た問題は二度と出ないから、やっても無意味だ」と速断する受験生もいるかもしれないが、これは大きな誤解である。誤解である証拠に、現代文ではあるが、二〇一一年度理系第二問で出題された林達夫「文章について」は、一九八八年度第一問と全くの同文であった。このような一致は今後も大いにありうる。また、京大の古典に特徴的な出題文に慣れる意味もある。そもそも過去問を解く意義は、繰り返しになるが、問題の傾向と難易度を身をもって知り、読解力と表現力を養うことにある。いわゆる「予想問題」を数多く解いたところで当たる確率は低く、むしろその問題と解答と解説の質がどうなのか危惧される（もちろんその類のものに手を出すなというのではないが、過信は禁物である）。

七　解説をしっかりと読む

本書の性格上、解説は極力短くせざるをえない。しかし簡にして要を得たものと自負している。問題文を読み込んでその内容を深く把握すれば、短い解説でも納得がいくと思う。そもそも、京都大学の受験生として、手取り足取りの詳しい解説を必要とするような者は想定していない。

（編集部注）本書に掲載されている入試問題の解答・解説は、出題校が公表したものではありません。

解答・解説

【古文を解き始める前に】

古文の設問パターンは、現代文や近代文語文のような説明型のものと、古文特有の解釈型のものとから成り、同等の比重が置かれている点が京大の特徴といえよう。前者についてはいかにも古文的な設問パターンのみを取り上げ、後者については散文と韻文（特に和歌）それぞれの設問パターンを取り上げよう。

設問パターンⅠ　主題

「作者は何を言おうとしているのか」などの問い方で、本文全体の主題を尋ねるものである。古文の文章は説話や物語、あるいは日記であることが多いから、主題といっても一般化された形で表明されているとは限らない。むしろ具体的な逸話のみで終わっていることが多く、そこから主題めいたものを抽出するのは容易ではない。

解法1　【教訓】

とはいえ、説話の場合は逸話のあとに作者が教訓めいた言葉を記している場合があるから、当然そこに着眼する。物語などの場合でも、本文の途中に作者の批評などが記されていれば手がかりになる。

解法2　【予備知識】

本文のみから主題を把握するのは困難な場合がある。具体的な内容に拘泥しすぎて、見当違いの主題を引き出してしまったりする。このような場合は、作者や作品やジャンル、当時の時代状況といったことについての予備知識が役に立つことがある。例えば『土佐日記』であれ『讃岐典侍日記』であれ、有名な日記文学ならその大まかな内容や筋を知っていなければならない。また『今物語』なら、貴族文化から武家文化への転換期という時代背景を考慮に入れると、本文全体の見通しがよくなる。つまりテキストに対するコンテキストの重要性を過小評価すべきではないのである。

設問パターンⅡ　現代語訳

傍線部を現代語訳させる設問である。たんに「現代語訳せよ」という問い方と、「言葉を補って現代語訳せよ」などと条件をつけた問い方とがあり、それぞれ対応の仕方が異なる。

解法3　【補訳】

「現代語訳せよ」というのは「直訳せよ」ということではなく、「正確で自然な現代日本語に置き換えよ」ということである。もちろんそのまま直訳しただけで十分な場合もあるが、そうでなければ必要な言葉を補うなどしなければならない。

解法4　【説明】

条件がつく場合はそれに従う。「状況がわかるように」とあれば、傍線部前後、さらには他の段落の内容も盛り込みながら具体的に訳す。また「踏まえている古歌に留意して」とあれば、その古歌の内容や心情を訳に反映させる。要するに「説明的に現代語訳する」という姿勢で臨めばよい。ただし意訳ではない。あくまでも語意的にも文法的にも正確な直訳を土台として、それに肉付けするということである。

解法5　【精確さ】

婉曲的な表現や曖昧な表現は前後の文脈を踏まえて出来るだけ精確に訳す。例えば「思ふ」「言ふ」を「思う」「言う」と訳したのでは不完全な場合は、もっと限定された訳を心がける。恋愛の場面なら「恋しく思う」「求婚する」などと訳さなければならない。

設問パターンⅢ　和歌の解釈

和歌（発句）は短文の中にさまざまな内容や心情が凝縮されたものであるから、たとえ「現代語訳せよ」とあっても、一般の現代語訳以上に直訳で済ませてはならない。句切れや修辞の有無はもとより、詠み手の立場や状況、地の文との関連など多角的な視点でとらえよう。

解法6　【掛詞】

和歌に関する設問の多くに掛詞がからんでいるから、和歌を読むときは掛詞が使われていないか、即ち文脈が二重になっていないかという視点を常に持つとよい。解釈問題では、掛詞があればその二つの意味を両方とも訳出するのが基本。また二つの意味に比重の差がある場合は、従となる意味の方を補足的に訳すことも必要となる。

なお掛詞ではないが、ある言葉が隠喩となっていることがある。その場合も意味が二重になるので、訳出の際は注意が必要である。

二〇二二年度　文系　三

出典　田安宗武『国歌八論余言』〈歌の道盛んなる世と廃れたる世とを弁ふるの論〉

解答

問一
　歌は、喜怒哀楽の感情を詠んで自分の心を慰め、人の心も和らげるものなのに、歌合は、歌の本来の意義からはずれるうえに、歌の姿も悪くしてしまったから。

問二
（2）歌を直すかどうかの相談をするにしても、自分に歌の指導を頼っているわけでもない人には、その人の歌を持ち出してとやかく言うべきでない。
（3）歌を直した本人はよいと思っているだろうが、他人はまたよいとも思わないこともあるにちがいない。

問三
「雪はふりける」なら雪の情景を詠んでいることになるが、「ふりつつ」に直すと、言外に意味があるようで、しかもその意味が明らかでないために、言葉足らずの印象を与えてしまうということ。

問四
　古い歌でも出来が悪いと思ったらただ取り上げないままにしておけばよさそうなものなのに、むやみに直してその古歌を詠んだ人の意図に背くばかりか、改悪までもするのはたいそうつまらないことであるようだ。

解説

問一

「浅ましき（浅まし）」は〝嘆かわしい〟。「わざ」は〝行い〟の意で、ここでは歌合のこと。「なり」は断定の助動詞。「かし」は念押しの終助詞。傍線部直前の部分で、「それ歌は……和らげとなすなる」と歌本来の意義を述べ、一方で、歌合は「かたみに詠み出でてその争ひすなる」と、歌の本義からはずれることを非難している。また、傍線部直後で、「歌のさまも悪しうなりぬ」と、歌の姿・風体が悪くなったことを指摘する（第一文でも歌道が廃れたのは歌合のせいだと述べている）。以上の事情を説明する。

解答ポイント

①歌は喜怒哀楽の感情を詠んで自分の心を慰め、人の心も和らげる。②優劣を競う歌合は歌本来の意義からはずれる。③歌の姿も悪くなった。

問二

（2）「それ」は「言ひも合はせ」を指す。「言ひ合はす」は〝話し合う・相談する〟の意。ここでは歌を直すかどうかについて相談することをいう。「己」は〝自分〟。「たよる」は歌の指導を頼ることをいう。「しも」は強意の副助詞。「もて出で」は歌を持ち出すこと。「べき（べし）」は適当・当然の意。設問の指示に従い、「それ」の内容を具体化するが、それだけではわかりにくいので適宜言葉を補って訳すとよい。

解答ポイント

①それ＝歌を直すかどうかについての相談。②「己にたよるにしもあらぬ人」＝自分に歌の指導を頼っているわけでもない人。③「言ふべきことにしもあらず」＝言うべきでない・言ってよいわけではない。

（3）「われ」は〝自分〟。ここでは歌を直した人を指す。「らめ」は現在推量の助動詞「らむ（らん）」の已然形で、強意の係助詞「こそ」の結びであるが、さらに文が続くので、「こそ」は逆接の用法となる。「さ」は「よし」を指す。「べし」は推量の用法。

解答ポイント　①われ＝他の人の歌を勝手に直した人自身。②思ふらめ＝思っているだろうが。③さも＝よいとも。

問三

「意余りて詞足らざる」は『古今和歌集仮名序』の「在原業平は、その心余りて、詞足らず（＝感動があふれすぎていて、それを表現する言葉が足りない）」に拠る。本文では、「雪はふりける」なら「目前の景色を詠める歌」となるのに、これを「ふりつつ」に改めると「まだ外に意の含みたる様にて、しかも明らかならず」となって、言葉足らずの印象を与えると批判する。これは詠嘆の接続助詞「つつ」が余情効果をもつことを指摘したものである。説明に際しては設問の指示に従い、「ふりける」と「ふりつつ」の違いを対照させながら説明しよう。

解答ポイント　①雪はふりける＝目前の雪が降り積もった景色を詠んでいる。②ふりつつ＝言外に意味があるようで、しかもその意味が明らかでない。③言葉足らずの印象を与える。

問四

「ただ」は限定の副詞で「用ゐず」にかかる。「悪し」は〝出来がよくない〟。「用ゐ」は〝採用する〟の意で、ここは直すために古歌を取り上げることをいう。「べき（べし）」は適当の意。「妄りに」は〝むやみに・勝手に〟。「その人」は「古き歌」を詠んだ人、すなわち古歌の作者を指す。「意」は「意図」くらいに訳すのが適当。「さへ」は添加の副助詞。「あぢきなき（あぢきなし）」は〝無益だ・つまらない〟の意。「めれ（めり）」は推量の助動詞。

解答ポイント

①用ゐずしてありぬべき＝取り上げないままにしておけばよさそう。②その人＝古歌を詠んだ人・作者。③あぢきなきことなめれ＝つまらないことであるようだ。

通釈

歌の道が大いに廃れてしまったのは、歌合というものが出てきたときからである。いったい歌というものは、喜び、怒り、悲しみ、楽しむなどの程度に応じてその（詠む）者の心を慰めるものであって、（また）他の人の心をも穏やかにするものであるのに、お互いに（実際の感情ではなく、与えられた題に基づいて、歌を）詠み出してその（優劣の）争いをするというのは、ひどく嘆かわしい行いであるよ。またその頃（＝歌合が始まった頃）からは特に歌の姿も悪くなってしまった。

そのことさえ嘆かわしいのに、古い歌を（ことさら）直すということも出てきてしまった。これもまたひどく無風流なことであるよ。その（歌を）詠んだ人が、この世に生きていたら、（直すかどうかについての）相談も確かにあってもよいだろう。（しかし）それ（＝歌を直すかどうかの相談）をするにしても、自分に（歌の指導を）頼っているわけでもない人には、（その人の歌を）持ち出して（とやかく）言うべきではない。また、自分と同じ程度の力量で詠んでいるような人が、直してくれなどと言ってきたら、強く断るべきことであるが、それとはうって変わって、声さえ聞くことのできない昔の人で、しかも身分の高い人や、あるいはたいそう上手に詠む人の歌をも、自分の心の中でよくないと思うあれこれを（勝手に）直して、自分はよいと思っているだろうが、他人はまたよいとも思わないこともあるにちがいない。（もしも）元の歌はよくて（かえって）直した歌がよくないのに、その元の歌は散逸して直した歌だけが残ったとしたらどうだろうか。まったく

（元の歌を詠んだ）歌人が嘆くにちがいない振る舞いであるようだ。すでに「田子の浦ゆうち出でて見れば真白にそ富士の高嶺に雪はふりける（＝田子の浦を通って出てはるかに見ると、なんと真っ白に、富士山の高い峰に雪が降り積もっていることだ）」と詠んだ歌を、後世の人が「真白にそ」を嫌って「白妙の」と詠み替え、「雪はふりける」を「ふりつつ」と直している。目の前の景色を詠んだ歌なので、「ふりける」と詠むべきである。「ふりつつ」と言ってしまうと、まだ言外に意味を含んでいる感じで、しかも（その意味が）明らかでない。まったく意味が余っていて（それを表現する）言葉が足りないようになってしまった。また「白妙の」の言葉は特に極めて悪い。元の歌の「真白にそ」と言ったのは雪の色を言ったものであることは明らかである。（しかし）その直した「白妙の」の言葉ではそのようには聞こえない。富士山は色がもともと白いというように聞こえる。どうして富士山の色が白いはずがあろうか。この歌はたいそう優れた歌であるけれど、後世の人が直してしまったのでたいそうひどく悪くなってしまった。総じてこのように改悪した歌が、数多くあるにちがいない。古い歌でも出来が悪いと思ったらただ取り上げないままにしておけばよさそうなものなのに、むやみに直してその作者の意図に背くばかりか、改悪までもするのはたいそうつまらないことであるようだ。

二〇二二年度　理系　三

出典　『建礼門院右京大夫集』〈上〉

解答

問一　恋人の資盛だったら、雪が降り積もって道もわからない朝でも、わざわざ会いに来てくれるのではないかと期待せずにはいられない心情。

問二　資盛が来た雪の朝から長い年月が経ったのに、心の中では最近のことに感じられるのも、本当に困ったものだ

問三　朝顔を盛りの短い花と見ている人間たちの方を、朝顔は本当にはかないものだと思っただろうに

解説

問一　引用されている和歌の意味は、〝山里は雪が降り積もって道も閉ざされている。今日訪ねて来てくれるような人を情の深い人と思いたい〟というもの。作者がこの和歌の一節を口ずさんだ理由は、和歌と同じく雪が深く降り積もって道もない朝である点、また情の深い人の来訪を期待する点でも同じだからである。特に作者の

場合は資盛という確かな恋人がいるわけだから、その期待感もいっそう強いといえる。以上の事情を説明する。

解答ポイント

①雪が降り積もっている朝。②恋人の資盛なら訪ねて来てくれるのではないかと期待する。

問二

直前に「常は忘れがたく覚えて」とあるように、作者は資盛が会いに来てくれた雪の朝のことを常々懐かしく思い出している。したがって「年月多く積もりぬれど」とは、この雪の朝から長い年月が経ったことをいい（「ぬれ」は完了の助動詞「ぬ」の已然形）、これに対して「心には近き」と、自分の心の中では最近の出来事のように感じている。「返す返す」は〝重ね重ね・本当に〟の意の副詞。「むつかし」はいつまでも死んだ資盛の思い出に固執する自分の心について、〝具合が悪い・困ったことだ〟とどうしようもなく思う意を表す。

解答ポイント

①年月多く積もりぬれ＝資盛が来た雪の朝から長い年月が経った。②心には近き＝心の中では最近のことに感じられる。③返す返すむつかし＝本当に困ったものだ。

問三

引用されている和歌の意味は、〝朝顔をどうしてはかないと思ったのだろうか。花の方でも人ははかないものと思って見ているだろうに〟というもの。本文はこの下の句を引用しながらも、自分たちの場合に当てはめて一部変更している。「げに」は〝なるほど・本当に〟。「さ」は「ただ時の間のさかりこそあはれなれ」を指すとも、引用歌の「はかなし」を指すともとれる。どちらにしても人間の命や男女関係のはかなさを言ったものである。なお「人」は「人間たち」などと訳せばよいが、「朝顔の花を盛りの短い花と見ている人間たち」などと補って訳すと意味が通じやすい。

解答ポイント ①人＝朝顔を盛りの短い花と見ている人間たち。②さ＝はかない。③思ひけめ＝思っていただろうに。

通釈

雪が深く積もっていた朝、実家で、荒れている庭を眺めやって、「今日訪ねて来るような人を」と口ずさみながら、（春向きの）薄柳の衣、紅梅の薄衣などを着て坐っていたときに、（冬着用の）枯野の織物の狩衣、蘇芳の衣、紫の織物の指貫を着て、直接（戸を）引き開けて入ってきた人（＝資盛）の面影が、私の（季節はずれでカジュアルな）姿とは違い、たいそう優美に見えたことなど、いつも忘れがたく思い出されて、（資盛が来た雪の朝から）長い年月が経ったのに、心の中では最近のことに感じられるのも、本当に困ったものだ。

すっかり長い年月が経ってしまっても、あのときの雪の朝のことはやはり恋しいことだ

山里にある家にいたとき、趣のある明け方に（資盛と二人）起き出して、庭先近い透垣に咲いていた朝顔を、ほんのわずかな間の花盛りというのはあわれなことと言って見ていたことも、たった今のような気がするのだが、（朝顔を盛りの短い花と見ている）人間たちの方を、朝顔は本当にはかないものだと思っただろうに、（私たちの関係は）普通にはかない例どころではなかったなどと、次々と思わずにはいられないことばかり、さまざまである（平資盛は平清盛の孫で、平家一門とともに壇ノ浦に沈んだ）。

あの時は私たち自身にふりかかることを本当に知らないで、朝顔の花を命の短いものと言ったのだろう

二〇二一年度　文系　三

出典　『栄花物語』〈巻第五　浦々の別〉

解答

問一

（1）私は流罪人の処遇についての朝廷のお指図よりもいっそう手厚く、伊周殿にご奉仕しよう

（2）伊周殿の元へ参上したいとは存じますもののやはり思い通りに出かけさせていただくこともかなわないので、今までお伺いしておりません

問二

かつて父親が有国に不当な仕打ちをしたことや、有国が治める筑紫に自分が流されたことを思えば、自分に贈り物までして厚遇してくれる有国に今さら合わせる顔がなく、恥ずかしくて居心地が悪いという気持ち。

問三

長命であるのはめでたいはずなのに、晩年になって娘に先立たれた高階成忠の悲しみを思うと気の毒でならないということ。

問四

京に戻って重病の母を見舞ったときに着てしまえばよかったのになあ、この喪服を。そのときの生き別れがそのまま死に別れだったのだなあ。

解説

問一

（1）傍線部は有国の発言「あはれ……仕うまつらむとす」の一節である。前に「御まうけいみじう仕うまつる」とあるように、筑紫に流された伊周を厚遇しようと考えていることをふまえる。「公」は〝朝廷〟。「掟」は〝指図・規則〟。「さしまし」の「さし」は語勢を強める接頭語（「さし置く」「さし曇る」など）。「まし（ます）」は〝増やす・勝るようにする〟。「仕うまつら（仕うまつる）」は「仕ふ」の謙譲語で、〝お仕えする・ご奉仕する〟の意。「むとす」は助動詞「むず」の元の形で、ここは意志を表す。設問の指示に従い、「公の御掟」を、「流罪人の処遇に関する朝廷のお定め」などと具体化し、「仕うまつら」の主語と対象を明示する。

解答ポイント　①公の御掟＝流罪人の処遇についての朝廷の指図・規則。②さしまして＝いっそう手厚く。③仕うまつらむとす＝伊周殿にご奉仕しよう。

（2）伊周に宛てた有国の伝言の一節である。「さすがに」は〝そうはいってもやはり〟の意で、前の「参るべくさぶらへども」を受ける。「思ひのままに」は〝思い通りに・自由に・好き勝手に〟。「え」は不可能を表す副詞。「まかり」は下の動詞について謙譲の意を表す。「ありか（ありく）」は〝出かける・出歩く〟。二カ所の「ぬ」は打消の助動詞「ず」の連体形。「に」は理由を表す接続助詞。「さぶらは（さぶらふ）」は「行く・来」の謙譲語で、〝参上する・伺う〟の意。設問の指示に従い、特に「さすがに」「さぶらはぬ」について言葉を補って具体的に訳す。

解答ポイント
①さすがに＝伊周殿の元へ参上したいとは存じますもののやはり。②えまかりありかぬ＝出かけさせていただくこともできない。③さぶらはぬ＝お伺いしておりません。

問二

「これ」は「さまざまの物ども、櫃どもに数知らず参らせたれ」を指す。有国が伊周に多くの贈り物をしたこと。「すずろはしく（すずろはし）」は〝心が浮き浮きする・不安で落ち着かない〟の意。ここは後者。「思さ（思す）」は「思ふ」の尊敬語。「れ」は自発の助動詞「る」の連用形。「聞き過ぐさ（聞き過ぐす）」は〝聞き流す〟の意。「させたまふ」は尊敬語を重ねた形。有国が伊周にご奉仕したいと言って多くの品々を届けたことに対して、伊周は居心地悪く思っている。その理由は傍線部（1）の後に「人づてに聞かせたまふもいと恥づかしう、なべて世の中さへ憂く思さる」とあるように、かつて伊周の父道隆が罪のない有国の官位を剝奪したにもかかわらず（〈注〉参照）、有国は伊周に精一杯奉仕したいと発言したことを人づてに聞いたこと、および有国が治める筑紫に流されたことを恥ずかしく思うからである。以上の事情を具体的に説明する。

解答ポイント
①かつて父親が有国に不当な仕打ちをした。②有国が治める筑紫に自分が流された。③有国が自分に贈り物までして厚遇してくれる。④恥ずかしくて居心地が悪い。

問三

「二位」は〈注〉にあるように、「母北の方」の父、高階成忠のこと。この「母北の方」（高階貴子。道隆の正妻。伊周・定子・隆家の母親）が亡くなったことが二文前に記されている。「命長さ」は文字通り長命であることをいい、「むげに老いはてて」とあるように、晩年になって娘に先立たれたわけである（成忠は当時七十三歳。その二年後に没)。それゆえ「あはれに(=気の毒に・いたましく)見えたり」と言われる。「命長さ」と「あはれに」を逆説的につないでいる点をふまえて、長命はめでたいことなのに、それがかえって気の毒に思われるというニュアンスを出して説明する。

解答ポイント

①長命であるのはめでたい。②娘に先立たれた。③気の毒でならない。

問四

「そのをりに」の和歌の詠み手は伊周。母の死に目に会えなかった悲しみを詠む。「そのをり」は直前の「あはれ……見えたてまつりにけれ」および本文のリード文からわかるように、伊周が流罪人の禁を犯して京に戻り、重病の母親を見舞ったときを指す。「着てましものを」と「藤衣」が倒置される。「てまし」は完了・強意の助動詞「つ」の未然形「て」+反実仮想の助動詞「まし」の連体形。「ものを」は詠嘆の終助詞。「着てしまえばよかったのになあ」などと訳す。「藤衣」は〈注〉がある。「やがて」は〝そのまま〟の意の副詞。「それ」は「そのをり」を指す。「別れ」は死別をいう。生き別れがそのまま死に別れになったということ。「けれ」は詠嘆の助動詞。

解答ポイント

①そのをり=京に戻って重病の母を見舞ったとき。②着てましものを=着てしまえばよかったのになあ。③別れなりけれ=生き別れがそのまま死に別れだったのだなあ。

通釈

(伊周は)今や筑紫に到着なさったが、その時の大弐(=太宰府の実質的な長官)は有国朝臣である。こう(=伊周が筑紫に到着した)と聞いて、おもてなしをたいそう手厚くし申し上げる。「ああ、亡くなった殿

（＝藤原道隆）のお考えが、この有国を、（自分には）罪もなく過失もなかったのに、情けなくも無官に処しなさったことこそ、たいそうつらくひどいことだと思ったけれど、この有国の恥は（伊周殿の流罪に較べれば）まったく取るに足らないものであった。気の毒にももったいなくも、（伊周殿は）思いも寄らない所（＝筑紫）に（海山を）越えていらっしゃったものよ。（流罪人の処遇についての）朝廷のお指図よりもいっそう手厚く、（伊周殿に）ご奉仕しよう」などと言い続け、万事（手厚く）ご奉仕するが、（伊周は）人づてにお聞きになるにつけてもたいそう恥ずかしく、すべて身の上までもつらくお思いにならずにはいられない。（有国は）ご挨拶を、わが子の資業を使者にして申し上げさせた。「（伊周殿が）思いがけない所にいらっしゃったので、京のことも気にかかり、驚きつつも（ご挨拶に）参上すべきところではございますが、九州を統括する長官という身でございますので、そうはいっても（＝伊周殿の元へ参上したいとは存じますものの）やはり思い通りに出かけさせていただくこともかなわないので、今までお伺いしておりません。（しかし）何事もただ（伊周殿の）お言葉のままにご奉仕するつもりです。この世に命が長らえておりましたのは、わが主君（＝藤原兼家）のご子孫にご奉仕する定めになっていたからだと存じます」と言って、さまざまの物を、多くの櫃に数知らず（納めて）献上したけれど、（伊周は）これ（＝多くの品々を献上されたこと）につけても何となく居心地悪くお思いにならずにはいられなくて、聞き流しなさる。そのままに（＝献上品には手をつけずに）慎み深い生活をお過ごしになる。

このようにいううちに、十月の二十日過ぎの頃に、京では（伊周の）母である（故道隆の）北の方がお亡くなりになった。（伊周・隆家の姉妹で京にいる中宮定子は）身にしみて悲しく途方に暮れていらっしゃる。二位（＝母北の方の父、高階成忠）の長命が、（かえって）気の毒に思われた。しかし彼（＝二位）はひどく老い果てて、容易には動けないので、ただ（成忠の子息の）明順、道順、信順などという人々が、万事とりしきり申し上げ、御葬儀など通例の形（＝火葬）ではなく、桜本という所に、しかるべき霊屋を作って、（亡骸を）お納め申し上げた。気の毒で悲しいといった言葉では言い尽くせない。（隆家が流された）但馬には、昼夜兼行で使者が参上したので、（隆家は）泣く泣くお召し物を（喪に服すために黒く）染めさせ（て着替え）なさる。筑紫にも使者が参上したけれど、どうしてすぐに到着いたすことができようか。（中宮定子は）死後のご法事なども、しかるべく執り行いなさる。

筑紫には、（但馬より）さらに十日あまりを要して到着したのだった。（伊周は）ああ、やっぱり（母はもう長くはなかった）か、よくぞ（播磨から京に戻って母に）お目にかかり（母にも自分の姿を）お目にかけることができたことよと、今になってお思いにならずにはいられなかった。御喪服などをお召しになろうとして、そのときに喪服を着てしまえばよかったのになあ。そのときの生き別れがそのまま死に別れとなったのだなあ。

と独り言を言いなさった。

二〇二一年度 理系 三

出典 正徹『正徹物語』〈上〉

解答

問一 古歌のここの言葉を私が今詠むとしたら、このように上手には詠むことができないだろうよ

問二 歌が上達するには歌の意味を理解することが重要なのに、せっかく歌会などに出席しても、理解できない箇所を人に尋ねもしないでそのままにしておくから。

問三 お互いに歌を検討し批評し合い、欠点や長所を明らかにするので、反論もしやすく理解の仕方の違いもわかって、歌の意味の理解を深めることにつながるから。

解説

問一 傍線部は「我等は古歌をみる時も」以下をふまえている。「ここ」はその古歌のここの語句ということ。「詠まば」の「ば」は順接仮定条件を表す接続助詞。「かく」は〝このように〟の意の副詞で、文脈上「このように上手に」などと訳す。「え～打消」は不可能を表す。「まじき」は打消推量の助動詞「まじ」の連体形。

「よ」は詠嘆の間投助詞。

解答ポイント ①ここの詞＝古歌のここの言葉。②かく＝このように上手に。③え詠むまじきよ＝詠むことができないだろうよ。

問二

「位」は〝段階・レベル〟。「位のあがる」とは歌が上達することをいう。そこで歌が上達しない理由を求めれば、直前の「上手の歌には……心得ぬ所などあらば、人に尋ね問ひ侍るべきなり……心得られねどもおけば」が見つかる。要するに、歌の心（＝意味・内容）について理解できない箇所があっても、人に質問せずに放置してしまうことがその理由である。そもそも筆者は「ただ歌の心をよく心得て解了あるがよきなり」と述べて、歌の意味を理解することの重要性を指摘している。この点も含めて説明する。

解答ポイント ①歌が上達するには歌の意味を理解することが重要である。②歌会などに出席しても、理解できない箇所を人に尋ねもしないでそのままにしておく。

問三

「沙汰」は〝評議〟の意。「衆議判の歌合」や「たがひに非を沙汰し、是をあらはす」がヒントになる。みんなで歌について検討し、あれこれ批評し合うことをいう。それが歌上達のための「第一の稽古」となると筆者は言う。その理由はやはり前問でも検討したように、歌の意味についての理解を深めることができるからである。傍線部(2)と(3)の間に「(通常の歌会では)また心得ねども、その人の言はれつれば……此方からは『え心得られぬかし』とは申しにくき事なり」とあるが、「衆議判」であれば、お互いに欠点も長所も言い合うので、言いづらいこともなく「『人はさ心得たれども、我はさは心得ず』など云ふ事有るなり」と、人と異なる意見も言えて、納得のいくまで討論できるのである。説明にあたっては、「たがひに非を沙汰し」以下の内容を具体化して、それが歌の意味の理解に結びつくことを説明する。

解答ポイント

①歌を沙汰ある＝歌をあれこれ批評し合う。②互いに是非を言い合うので、違う意見も言いやすく、理解の仕方の違いもわかる。③歌の意味についての理解が深まる。

通釈

歌人は知識を心にかけてはならない。ただ歌の意味をよく心得て了解するのがよいのである。「よく心得て」とは理解するという意味である。歌をよく理解した人は、歌の名人にもなるのである。私どもは古歌を見るときも、「この歌の意味はどのような意味なのか。これは幽玄の歌か、（あるいは）長高体（の歌）と言うのがよいのか」などと（歌体を）当てはめるのである。「（古歌の）ここの言葉を私が今詠むとしたら、このように（上手に）は詠むことができないだろうよ」などと思うものです。名人の歌に対しては、歌それぞれに注意して考えて理解できない箇所などがあったら、他の人に質問すべきなのです。歌会などに出席しても、そのまま懐紙・短冊を手元に引き寄せて（文台に）置いて、（人の歌を）理解できないのに（質問せずに）そのままにしておくと、自分の歌のレベルが上がることもあるはずがないのである。また、理解できないけれども、その（歌を詠んだ）人に（歌の意味はこうだと）言われてしまうと、「そういう意味であるようだ」と（疑問を残したまま）思って、そのままにしておく人もいる。こちらからは「理解できないよ」とは申し上げにくいのである。（私の師匠の）了俊が申されたことは、歌人たちが集まって、歌は詠まないで、（人の）歌を批評するのが一番の稽古である。また、衆議判（＝参加者全員による相互批評と判定）の歌合に一回でも出席してしまうと、千回二千回（歌を）稽古したよりも（実力をつけるのに）役に立つのである。お互いに欠点を批評し合い、長所を明らかにするので、「人はそのように理解しているけれども、私はそうは理解しない」などと言うこともあるのである。

二〇二〇年度　文系　三

出典　和泉式部『和泉式部日記』

解答

問一
語り合ったら気が晴れることもありはしないでしょうか。私と話をしても仕方がないとは思わないでほしい。

問二
自分は恋人を亡くして、声を上げて泣いてばかりいるので、宮が来ても話し相手になれず、つまらない思いをするだけだから、訪問を控えてほしいという気持ち。

問三
宮の突然の来訪を具合が悪いことだとは思うものの、居留守を使うわけにもいかず、昼間も宮に返事をしたことだから、家に居ながら帰したのでは思いやりに欠けるような気がして、話だけはしようと思った。

問四
（3）世間の人が言うから自分もそう思うのであろうか、宮は並々のご容姿ではなく優美である
（4）私は古風で、奥に引っ込んでいることが多い身なので、このような月が照って明るい端近な所には座り慣れていないから、とてもきまりの悪い気持ちがするので

解説

問一

宮が女に贈った歌である。三句切れ。「語らふ」には〝男女が愛し合う〟の意があるが、まだそこまで深い仲ではないので、ここは〝語り合う〟の意になる。「なぐさむ」は〝気が紛れる・心が晴れる〟。「ありやせむ」の「や」は疑問の係助詞。「言ふかひなし」は〝言っても仕方がない・つまらない〟の意。どちらでも通じるが、文脈上〝話をしても仕方がない・話し相手にもならない〟などと訳す必要がある。「思はざらなむ」の「なむ」は未然形接続の終助詞で、他者への願望（あつらえ）を表す。〝～してほしい〟の意。

解答ポイント ①「言ふかひなく」＝話をしても仕方がない・話し相手にもならない。②「思はざらなむ」＝思わないでほしい。

問二

女が返歌に付けた一節である。「生ひたる蘆」は、引き歌の「何事も言はれざりけり」「身の憂き」「ねのみ泣かれて」を暗示する。引き歌は二句切れ。「ね」に「根」と「音（ね）」を掛ける。歌意は〝何事も話すことができない。わが身のつらさは生えている蘆の根ではないが、声を上げて泣くばかりだ〟の意。「恋人を亡くして嘆きの日々を送っている」（前書き）女の心情をこの歌に重ねている。また「かひなくや」は〝訪ねてきてもかいがないのでは〟という意で、宮の訪問を婉曲に断っている。以上の内容をふまえて説明する。

解答ポイント ①恋人を亡くして、声を上げて泣いてばかりで何も話せない。②宮が来てもつまらない思いをするだけである。③訪問を控えてほしい。

問三

「女いと便なき心地すれど、……ものばかり聞こえむと思ひて」の部分に着眼する。とりとめもない印象を受けるが、女の心理の推移するままに説明すればよい。「便なし」は〝具合が悪い〟。「なし」は〝不在だ〟。「情けなし」は〝思いやりに欠ける〟。「ものばかり」は〝話だけ〟の意。

解答ポイント

①宮の突然の訪問を具合が悪く思う。②昼にも宮に返事を差し上げた。③居留守を使って宮を帰すのは思いやりに欠ける。④話だけはする。

問四

（3）宮を初めて目にした印象を述べた一節である。「にやあらむ」は〝～であろうか〟の意。「なべて」は〝並々・普通〟。「御さま」は宮の容姿をいう。「なまめかし」は〝若々しく美しい・優美だ〟の意。

解答ポイント

①「なべて」＝並々。②「なまめかし」＝優美だ。

（4）宮が女の側に近づくためにうまく言い繕った言葉の一節である。「古めかし」は〝古風だ〟。「奥まる」は〝奥に引っ込んでいる・内気である〟の意。いずれでも通じる。「ば」「を」「に」はいずれも理由を表す接続助詞。〝～ので〟〝～から〟を使い分けて訳すとよい。「かかるところ（＝このような所）」は〝月が照って明るい、端近い所〟などと具体化する。「居《ゐ》ならふ」は〝座り慣れる〟。「はしたなし」は〝きまりが悪い・照れくさい〟の意。

解答ポイント

①「奥まりたる」＝奥に引っ込んでいる。②「かかるところ」＝月が照って明るい端近な所。③「はしたなき」＝きまりが悪い。

通釈

このようにして、（宮が）たびたびお便りをくださり、（女は）そのお返事も時々差し上げる。（恋人を亡くした）所在ない寂しさも少し紛れる気持ちがして過ごす。

また（宮から）お手紙がある。言葉など（いつもより）少し情がこもっていて、

「語り合ったら気が晴れることもありはしないでしょうか。私と話をしても仕方がないとは思わないでほしい。しみじみとしたお話を申し上げるために、夕暮れに（伺うのは）いかがですか」とお書きになってあるので、

「気が晴れると聞くとあなたと語り合いたいけれど、つらい思いでいる私と話をしてもつまらないですよ。

『生ひたる蘆』（の歌のように私はつらくて泣いてばかり）ですので、（お出でになっても）つまらなくはありませんか」とお返事を差し上げた。

（宮は女が）思いもかけない頃にこっそり（行こう）とお思いになって、昼からお心づもりをして、ふだんからお便りを取り次いで差し上げている右近の尉である人をお呼びになって、「こっそりあそこへ出かけよう」とおっしゃるので、（右近の尉は）そうで（＝女の所へ出かけるので）あるようだと思ってお供する。

（宮は）粗末なお車でお越しになって、「こうこうです（＝宮がおいでになりました）」と（右近の尉に）言わせなさると、女はとても具合の悪い気持ちがするけれど、「不在です」と申し上げるわけにもいかない、昼もお返事を差し上げたので、（家に）居ながらお帰し申し上げるのも思いやりに欠けるだろう、お話だけ申し上げようと思って、西の妻戸に藁で編んだ敷物を差し出して（宮を）お入れ申し上げたところ、世間の人が言うから（自分もそう思うの）であろうか、並々のご容姿ではなく優美である。（それで）女も意識せずにはいられなくて、お話など申し上げるうちに月が昇った。（宮が）「たいそう明るい。（私は）古風で奥に引っ込ん

でいることが多い身なので、このような（月が照って明るい端近な）所には座り慣れていないから、とてもきまりの悪い気持ちがするので、あなたがいらっしゃる所へ座らせてください。決して、（あなたが）今までにお会いになったような男のように（無作法なまね）はしないつもりです」とおっしゃるので、（女は）「おかしなことを（おっしゃいますね）。（私は）今夜だけお話し申し上げるのだと思っております。『今までに』とはいつ（そんな色恋ざたが私にありました）かしら」などと、たわいもない話のように紛らして申し上げるうちに、夜もしだいに更けていった。

二〇二〇年度　理系　三

出典　富士谷御杖『北辺随筆』〈巻之四　せめて〉

解答

問一　どうして昔の人は、今の日常語で使う意味での「せめて」という言葉がなくても不自由なさらなかったのか

問二　恋しい人の顔を見たいのが本来の希望であるが、それはかなわないので、せめて彼女の家だけでもいつも眺められたらいいのに、と嘆く気持ち。

問三　昔はあって後世はなく、逆に後世はあって昔はない言葉が数多いけれども、そのない言葉の意味を思いもよらない別の言葉で言い表すということが、昔と後世の言葉のどちらにもあるにちがいないということ。

解説

問一　「いかでか」は疑問の副詞。「いにしへ人」は〝昔の人〟。「この詞」は前文の「いま俗言にいふに同じきせめて」を指す。〝今の日常語で使う意味での「せめて」〟などと具体的に訳す。「事もかく」は「事欠く」に同じで、〝なくて不自由する〟の意。「れ（る）」は尊敬の助動詞。

解答ポイント　①「この詞」＝今の日常語で使う意味での「せめて」という言葉。②「事もかかれざりし」＝不自由なさらなかった。

問二

「妹」は〝恋しい女・恋人〟の意。「継ぐ」は〝続ける〟の意。「まし」は〝…ばいいのに〟〝…だったらよかったのに〟という不可能な希望を表す。「を」は詠嘆の間投助詞。「も」について、筆者は「これ即ち後世のせめての心なるなり」といい、さらに「妹がかほの見まほしきが本意なれど、……継ぎて見ましをとの心なればなり」という。すなわち、この「も」は〝せめて…だけでも〟の意で、恋しい人の顔が見られないのなら、せめて彼女の家だけでもいつも見ていたいのにというのである。思い通りにならない現実を嘆く心情を説明する。

解答ポイント　①恋しい人の顔を見たいのが本来の希望である。②せめて彼女の家だけでもいつも眺められたらいいのに。

問三

「ふるくはありて」以下、傍線部に至る内容を説明する。昔はあって後世にはない言葉、あるいは逆に後世にはあって昔はなかった言葉が多いと述べた後、思いもよらない言葉で「その用」をなすことが相互にあるにちがいないという。この「用」は〝働き・作用〟の意で、要するに、ある言葉の意味を別の言葉で言い表すということである。この事情を説明する。なお筆者は「も」を例にあげているが、〝せめて…だけでも〟の意を表す古語なら、わざわざマイナーな「も」を持ち出さなくても「だに」をあげてもよかったかもしれない。

解答ポイント　①昔はあって後の時代はなく、逆に後世はあって昔はない言葉が多い。②ない言葉の意味を思いもよらない別の言葉で言い表す。

通釈

「せめて」という言葉は、平安時代ごろまでは、ただもう差し迫ってという意味でだけ用いた。『古今和歌集』に、「たいそう胸に差し迫るように恋しいときは、夜の衣を裏返して着る（そうすれば夢で恋人に会えるということだ）」（小野小町）、その他、例をあげるときりがない。ところがその後、現在日常語で言うのと同じ（意味の）「せめて」を、（日常語の使用は好ましくない）歌にも詠むこととなった。確かに事の内容によっては、（そう）言いたく思われることが時々ある言葉であるが、どうして昔の人は、この言葉がなくても不自由なさらなかったのかと、納得しがたく思われたが、『万葉集』の、巻の二に、「（せめて）あなたの家だけでもいつも眺められたらいいのになあ。大和にある大島の山に（あなたの）家があったらいいのになあ（そうすればいつでも見られるのに）」（天智天皇）という歌を見て、初めて理解したことは、この「妹が家も」という「も」の文字である。これがつまり後世の「せめて」の意味なのである。その理由は、あなたの顔が見たいのが本来の希望であるけれど、それはかなわないので、せめてその家だけでも、ずっと眺めていたいのになあ（でもそれさえもかなわない）という意味であるからである。

この例に基づいて思うと、昔にはあって後世はなく、後世にはあって昔はない言葉などが多いのも、よく調べたならば、思いもよらない言葉によって、その（ない言葉の）働きをなしていることが、どちらにもあるにちがいないと思われる。さらに詳しく調べなければならない。

二〇一九年度　文系　三

出典　藤井高尚『三のしるべ』〈中の巻　歌のしるべ〉

解答

問一　まだ物事の道理をよく理解できない子供の、愚かしくもいちずに深く物事を思い込む素直な心情。

問二　富士山の雪が一年中消えないことを、「六月の十五日になっても消えない富士の白雪」と詠んでいたとしたら、（赤人は）ありふれた歌人であったにちがいない。

問三　富士山は並々ならぬ高山なので雪も消えにくいけれど、最も暑い六月の十五日には消えてその夜ふたたび降ったので、消えたときが見えないのであろう

問四　『万葉集』の注釈者たちが、子供のように愚かしくも素直な心情を詠むという赤人の歌の趣向を理解していないこと。

問五　理屈をこねたり、自分の知識や才能をひけらかしたりせず、物事の道理を知らない幼い子供のように、物事に感動する素直な心情を率直に詠んだもので、聞く人がしみじみとした情趣を味わえるようなもの。

解説

問一

「おろかなる」はここは文字通り〝愚かな〟の意。「情」は〝心情〟。少し前に「をさなき人は思ふ情ひとへにふかく、おろかなる事をぞいふ」とあり、少し後にも「ことわりはしらぬをさなきこころ」とある。物事の道理を知らない幼い子供の愚かな心情ということだが、そのいちずな思いの深さが歌に通じていると筆者は肯定的に考えている。解答欄が小さいので「ふじのねに」の歌に言及する必要はないだろう。

解答ポイント

①まだ物事の道理を理解できない子供の愚かな心情。②いちずに深く物事を思う。

問二

「それ」は直前の「ふじの雪のとことはに消えぬ事」を指す。「とことはに」は「とこしへに」に同じで、〝永遠に〟の意。富士山の雪が年中消えないということ。「望」は〝十五日〟。「よみたらん」の「たら（たり）」は完了・存続、「ん（む）」は仮定の助動詞。「かいなで」は表面をなでただけ、というニュアンスで〝並一通りの・ありふれた〟の意。「べし」は推量の助動詞。

解答ポイント

①「それ」＝富士山の雪が一年中消えないこと。②「かいなで」＝ありふれた。

問三

「なべての雪といふものは、……見えぬはあやし」と「ふじはいみじき……見えぬにこそ」の二カ所が、富士山の雪が消えない理由を子供の立場から推測した部分になる。「さるからに」は〝そうだから〟の意で、「さる」は「ふじはいみじき……その夜ふりけり」の部分を指す。最も暑い六月十五日に消えてその夜ふたたび雪が降るという点を中心に説明する。「にこそ」の下に「あらめ」を補って訳す。

解答ポイント

①「さるからに」＝富士山の雪は最も暑い六月十五日に消えてその夜ふたたび雪が降るから。②「見えぬにこそ」＝見えないのであろう。

問四

傍線部は「万葉集のむかし今の注さくども」に対する批判である。「歌の情」は〝歌の趣向〟の意。富士山の雪が六月十五日に消えてその夜ふたたび降るというのは、愚かだが素直な子供の心情を詠むという赤人の趣向であるということ（冒頭の文にも「ただ歌をば、をさなかれ」とある）。だが注釈者たちはそれをわきまえないままに、実際にそうであるかのように解説しているというのである。解答欄が小さいので「問題視している」ポイントのみを説明すればよい。

解答ポイント

①『万葉集』の注釈者たちは歌の趣向を理解していない。②子供の愚かしくも素直な心情を詠むという赤人の趣向。

問五

まず「よき歌（＝優れた歌）」の逆を考えるとよい。それは本文の終わりで「歌もて道々しき事いふは、……たけきこころなどを、さらにいはざる」のなかで説明される。要するに、理屈っぽい歌や、自分の知識や才能をみせびらかすような歌である。これに対する「よき歌」とは本文前半の「をさなかれ」「おろかなる情」あたりに着眼すれば、子供のように物事に素直に感動する心情を率直に詠んだ歌であり、また「人のあはれと思ふ」（本文末尾）歌である。「よき歌」とそうでない歌とを対比させて説明すると分かりやすい。

解答ポイント

①理屈をこね、自分の知識や才能をひけらかした歌。②幼い子供のように物事に感動する素直な心情を率直に詠んだ歌。③聞く人がしみじみとした情趣を感じる歌。

通釈

俊恵法師は、ただもう歌を、幼くてあれ（＝幼い人が詠むように詠め）と言った。この人は、歌の本質をよく理解しているのである。幼い人というのは思う気持ちがひたすら深く、愚かなことを言う。歌の本質もそのようであるからだ。

山部赤人先生の歌に、

富士山に降り積もった雪はすべて六月の十五日に消えてしまうとその夜にまた降るのだなあ。

とお詠みになったのも、（子供らしい）愚かな心情を述べられたのである。（しかし）そうだからこそたいそう趣深く聞こえる。この歌は、富士山の雪はいつまでも変わらず消えないことを詠んだのである。それを「六月の十五日になっても消えない富士の白雪」と詠んでいたとしたら、（赤人は）ありふれた歌人であったにちがいない。「十五日に消えてしまうと」と詠んだのは、なんともいえず興趣がある。今この歌の趣向を考えると、富士山の雪がいつも消えないのを見て、並々でない高山なので、寒くて消えないという道理は知らない幼い（子供の）心情になって、すべての雪というものは、降っては消え、消えては降るので、富士山の雪もきっとそうなのだろうに、消えたときが見えないのは不思議だと、しばらく眺め立ち止まって（次のように）思いついた。富士山は並々でない高山なので、雪も消えにくくて、他の土地とは違うのだろう。（だから）この山に降り積もった雪は、六月の十五日の暑い盛りの極みに消えて、（気温の下がった）その夜降るのだなあ。そうだから消えたときが見えないのであろうと、（実際には）ありえないことを詠んだ歌で、（それがかえって）たいそう情趣が深いのである。本当に歌の情趣は、このようにありたいものだ。たいそう興趣があり、たいそうすばらしく、各時代の歌人のまったく及びがたいところである。赤人は人麻呂の下に立つのは難しい（＝人麻呂よりもすぐれている）とも、（赤人は）歌に不思議なまでに巧妙であるともおっしゃった貫之公は、歌のあり方をよく理解なさっていた人であると身にしみて感じられることよ。それなのに『万葉集』の古今の注釈書などに、この「十五日に消えてしまうと」の歌を、富士山の雪は実際に六月の十五日に消えて、その夜降るものであるように理解して、何事もないように解説しているのは、まったく歌の趣向を理解していない説明であるよ。本当にそのようであるなら、山部赤人先生の歌とも思われない下手な普通の歌である。雪が消えるほどに暑いのなら、どうしてその夜に（雪が）降るはずがあろうか。そのようにありえないことを（子供の発想で）考えて詠むのが、しみじみとした歌の情趣である。それを理解できないのは、昔の優れた歌のさまを尊び慕わないから、考えが及ばないのであるよ。そのように古歌をいい加減に見過ごしたのでは、およそ柿本、山部の二人の先生方の歌のしみじみとした情趣の深さは、まったく分からないだろう。この先生方の心を理解して、よくよく考えると、歌で理屈っぽいことを詠むのは、はなはだしい間違いであるよ。理屈っぽいことは、（歌ではなく）文章に書いて言うべきである。昔から優れた歌では、自分がいかにも心得ているようなことや、自分が利口だと誇るさまなどを、決して詠まないのも、人がしみじみとした情趣があると思うであろうように詠むのが歌というものだからである。

二〇一九年度　理系　三

出典　『落窪物語』〈巻一〉

解答

問一　私に少しでも情けをかけてくださるなら、あの世から戻ってきて露が消えるように私と一緒に死んでください。

問二　少将と結婚しても、あるいは継母に疎まれながら暮らしても、どちらも幸福にはなれないだろうということ。

問三　たとえ尼になっても、邸の中から出て行くことはできそうにないので、ただもう死んでしまうような方法があればいいのになあとお思いになる。

解説

問一

「つゆ」に「露」と〝少しでも〟の意を掛ける。「あはれ」は〝情け〟。「ば」は順接仮定条件の接続助詞。「立ち帰り」はあの世から戻ることをいう。「消えよ」は下二段動詞「消ゆ」の命令形で、ここで歌が切れる。亡き母にこの世に戻ってきて一緒に死んでほしいと訴えている。理屈で理解してはいけない。

解答ポイント

①「つゆ」＝「露」と「少しでも」。②「消えよ」＝死んでください。

問二

「とありとも……いかで死なむ」が姫君の心情部分になる。「とありかかり」は〝ああだこうだ〟の意。あこきが姫君に、少将との縁談について打診したという文脈から、「とあり」は少将と結婚することを指す。これに対して「かかり（かくあり）」はあこきの言葉「かくてのみ」や、前書きの部分をふまえれば、このまま継母に疎まれながら邸で暮らすことを指す。「よきこと」は〝幸運・幸福〟の意。「ありなむや」の「なむや」は強意の助動詞「ぬ」の未然形「な」＋推量の助動詞「む」＋反語の係助詞（終助詞）「や」の形。

解答ポイント

①「とありともかかりとも」＝少将と結婚しても、継母に疎まれながら暮らしても。②「よきことはありなむや」＝幸運・幸福にはなれない。

問三

「ても」は接続助詞「て」＋係助詞「も」の形で、逆接仮定条件を表す。「殿」は〝邸〟の意。姫君の父親の邸をいう。「まじけれ」は打消推量の助動詞「まじ」の已然形。「ただ」は〝ただもう・ひたすら〟の意の副詞。「消え失せ（消え失す）」は〝死ぬ〟の意。「なむ」は完了の助動詞「ぬ」の未然形「な」＋婉曲の助動詞「む」の形。「わざ」は〝手段・方法〟。「もがな」は願望の終助詞。「思ほす」は「思ふ」の尊敬語。

解答ポイント

①「殿の内離るまじければ」＝邸の中から出て行くことはできそうにないので。②「わざもがな」＝方法があればいいのになあ。

通釈

八月上旬ごろであろう。姫君は一人横になり、眠れないままに、「母君、私を(あの世に)お迎えください」と(言い)、(そして)「つらい」と言いながら、

私に少しでも情けをかけてくださるなら、あの世から戻ってきて露が消えるように私と一緒に死んでください。つらいこの世から離れてしまいたいので。

(自分の)心を慰めようとして詠んでもそのかいがない。翌朝、(あこきが姫君と)話をする折に、「この人(=帯刀)がこのように(=少将が姫君と結婚したがっていると)申し上げておりますことは、どのようにいたしましょうか。こうして(=継母に疎まれて)ばかりでは、どうして、一生をお過ごしになれましょうか」と言うが、(姫君は)返事もしない。(そのため、あこきが)困っていると、「三の君に手を洗う水を差し上げなさい」と言ってお呼びになるので、(あこきは)立ち去った。(姫君の)心の中では、ああだこうだ言っても、よいことなんてあるだろうか、女親がいらっしゃらないので、幸せのないわが身なのだと悟って、何とかして死にたいと思う気持ちが深い。たとえ尼になっても、邸の中から出て行くことはできそうにないので、ただもう死んでしまうような方法があればいいのになあとお思いになる。

二〇一八年度　文系　三

出典　『風雅和歌集』〈仮名序〉

解答

問一

（1）時代が下り和歌の道が次第に衰退していった頃から、和歌は国を治めるという使命を見失い、むなしくも、恋愛を求める男女の間を取り持つ手段となって

（2）今の和歌はひたすら言葉を飾り立てた風格や、凝った着想を主眼としていて、正しい心と素直な言葉で詠まれた昔の歌風は残っていない

（3）風格を高くしようとこだわりすぎるとその内容がもの足りなくなり、言葉を精密にしようとこだわりすぎるとその風格を失う

問二

和歌が、幽玄な言葉で深い内容を表現することによって人の心を正し、民衆を教化する一方で、為政者をいさめることから、政治の根本となる。

問三

解説

古歌の優美な言葉を借用して、うわべを飾った和歌を詠むだけで、和歌の根本にはまるで無知だという意味。

問一

（1）「世くだり」は〝時代が下る〟の意。「道」は和歌の道をいう。「おとろへゆき」の「ゆき」は〝次第に～してゆく〟の意の補助動詞。「いたづらに」は形容動詞「いたづらなり（＝むなしい・むだだ）」の連用形で、「なりて」へかかる。本来の使命である「国をさむるわざ」を忘れて「色を好むなかだち」になっているることがむなしい、ということ。「色」は〝恋愛〟の意。「なかだち」は両者の間に入って取り結ぶことをいう。ここは男女の間を取り持つということ。「ことばを補いつつ」という指示に従い、具体的に訳す。

解答ポイント

①「道」＝和歌の道。②「色を好むなかだち」＝恋愛を求める男女の間を取り持つ手段。

（2）「姿」は「心ばせ」（＝和歌の内容的な側面）に対する表現的な側面をいい、多く〝歌体・風体〟などと訳される。ここでは「姿」を〝風格・格調〟、「心ばせ」を〝着想・趣向〟くらいに訳せばよいだろう。また「いにしへの風」は後文に「ただしき心、すなほなることばはいにしへの道なり」とあるのをふまえて具体的に説明する。さらに今と昔の歌風を対比させているという点も訳に反映させる。

解答ポイント

①今の和歌。②「姿」＝風格・格調、「心ばせ」＝着想・趣向。③「いにしへの風」＝正しい心と素直な言葉。

（3）「姿」は（2）と同じように訳せばよい。「たかからむ」の「む」は意志の助動詞。「心」は「姿」と対比されている点をふまえて〝内容・情趣〟くらいに訳すとよい。「こまやかなれ」は形容動詞「こまやかなり（＝精密だ・念入りだ）」の已然形。「さま」は「姿」と同義と解せる。傍線部は対句になっており、「姿」あるいは「ことば」にこだわりすぎるとよい和歌が作れないという趣旨をふまえて訳す。

解答ポイント

①「姿」「さま」＝風格・格調。②「心」＝内容・情趣。

問二

「まつりごと」は〝政治〟、「本」は〝根本〟の意で、和歌が政治の根本であると述べられている。同段落で、和歌のさまざまな特長が述べられるが、政治に関わるのは「人の心をただしつべし」「下（＝民衆）ををしへ上（＝為政者）をいさむ」の箇所である。ただし和歌にこのような働きがあるのも「ことばかすか（＝幽玄）にしてむね（＝内容）ふかし」だからである。よってこの点も含めて説明するとよい。

解答ポイント

①和歌。②幽玄な言葉で深い内容を表現する。③人の心を正し、民衆を教化する一方で為政者をいさめる。

問三

真名序の一節は「古語を窃《ぬす》み艶詞《えんし》を仮《か》り、修飾して之《これ》を成し、還《かへ》つて大本《おほもと》に暗し」と書き下す。これに対応する仮名序は傍線部(2)の次文で、「古語を窃み艶詞を仮り」が「ふるきことばをぬすみ」に、「修飾して之を成し」が「いつはれるさまをつくろひなして」に、「還つて大本に暗し」が「さらにそのもとにまどふ」にそれぞれ対応する。「艶詞」は〝あでやかで美しい言葉・優美な言葉〟。「修飾」は〝美しく飾ること〟。「之」は和歌を指す。「大本に暗し」は和歌の根本に無知であることをいう。仮名序を参考にしながら、古歌をまねてはいても、それは表面だけでその根本を知らないという趣旨を説明する。

解答ポイント

①古歌の優美な言葉を借用する。②うわべを飾った和歌を詠む。③和歌の根本に無知である。

通釈

和歌は、天と地がまだ分かれていないときから、その原理が自然と存在した。（そして）人の営みが安定してのち、この（和歌の）道がついに現れ出た。（和歌を通して）世の中を賛美し時勢を非難する、雲や風に託して心情を述べる。（また）喜びにめぐりあい悲しみに向き合う（心情を詠む）、花や鳥を興じ楽しんで感動する（心情を詠む）。言葉は幽玄で内容は深い、本当に人の心を正しくするにちがいない。民衆を教化し為政者をいさめる、つまり政治の根本となる。

ところが、時代が下り（和歌の）道が次第に衰退していった頃から、（和歌は国を治めるという使命を見失って）むなしくも恋愛を求める男女の間を取り持つ手段となって、国を治めるという使命を忘れている。ましてやまた近い時代になって、あらゆる方面の営みが廃れ、真実が少なく偽りが多くなってしまったので、（今の和歌は）ひたすら言葉を飾り立てた風格や、凝った着想を主眼としていて、昔の歌風は残っていない。あるいは古歌の言葉を盗用し、偽りのうわべを飾り立てて、まったく和歌の根本を見失っている。また（逆に）心を第一とするとばかり心得て、田舎びた風体、訛った言葉で思いついた心情ばかりを表現する。正しい心、素直な言葉は昔の（正しい）歌道である、確かにこれを見習うべきだとはいえ、原理を取り違えて無理にまねをしたら、たちまち卑しい風体となってしまうだろう。（一方）優美な歌体、凝った着想が、優れていないというわけではないが、もし本来の精神を忘れてむやみに（優美な歌体や凝った着想を）好むなら、この和歌の道はひたすら衰退してしまうにちがいない。それもこれもそれぞれ（原理を）取り違えており、昔の（正しい）歌道ではない。あるいは風格を高くしようとこだわりすぎるとその内容がもの足りなくなり、言葉を精密にしようとこだわりすぎるとその風格を失う。優美である和歌は軟弱となりすぎ、剛直な和歌は親しみにくい。総じてこれを説明しようとすると、その道理は煩雑で、言葉では言い尽くすことができない。趣旨を理解して自分で悟るのがよいだろう。

二〇一八年度 理系 三

出典 西山宗因『肥後道記』

解答

問一 身分の低い民衆も草葉がかぐわしい風になびくように藩主の徳政に従って

問二 昨年の熊本藩主の改易処分以来の辛苦は、主君に従い東国まで流浪し、京を経て肥後に戻った宗因にとっても、肥後にとどまった宗因の親兄弟などにとっても、言葉では言い表せないほどひどかったということ。

問三 （肥後に）とどまることのできる生計の手段もなく、（かといって）先のことといっても何も決めてあるわけではないけれど、見知らぬ土地では（流浪の）身の上を恥じることもないだろう

解説

問一 「あやし」は〝身分が低い〟、「かうばしき（かうばし）」は〝香りがよい〟の意。「徳風」は仁徳が人を感化するさまを風にたとえた表現で、その風になびく草葉は「あやしの民」のたとえである。要するに藩主が徳政を行い、民衆がそれに従ったということ。設問の指示に従い、比喩を明確に表して説明する。

解答ポイント

①草葉がかぐわしい風になびく。②民衆が藩主の徳政に従う。

問二

前書きから、熊本藩主の改易処分（＝武士の領地、家禄や屋敷を没収して除籍すること）に伴い、藩主の家臣である正方も、正方に仕える宗因も、ともに流浪の身となったこと、および傍線部（2）以前の本文から、宗因が正方のお供をして武蔵の国まで下り、今年の七月に京を経て肥後まで戻り親兄弟たちと再会したことを把握する。「こそことしのうさ（＝つらさ）つらさ（＝苦しさ）」とはこれをいう。また「言葉もなし」とは言葉では言い表せないということ。「たがひに」とあるので、流浪した方も残った方もつらかったという点を明確にする。

解答ポイント

①昨年熊本藩主が改易処分にあい、正方・宗因も流浪の身となった。②宗因は正方のお供をして東国まで流浪し、親兄弟は肥後にとどまった。③両者の辛苦は言葉では言い表せない。

問三

親や友人たちから肥後に残るように勧められたけれど、旅立ったという前後の文脈をふまえる。「とどまるべき」の「べき（べし）」は可能の意。「よすが」は〝手段・方法・よるべ・縁者〟の意があるが、縁者は肥後にいるので、ここは生計の〝手段〟ととるのが適当。「行く末……なけれど」とは先のことは何も決めていないということ。「里」は〝人里・土地〟、「身」はここは〝身の上・境涯〟の意。流浪の身であることをいう。「あらじ」の「じ」は打消意志の意。解答欄に余裕があるので適宜言葉を補って訳すとよいだろう。

解答ポイント

①「よすが」＝生計の手段。②「身」＝身の上。

通釈

そもそも（加藤家が）この肥後の国を統治し始めなさった年月を数えると、四十年余りになり、（清正、忠広父子）二代にわたる藩主でいらっしゃったので、勇猛な武士も厚い恩恵によって（藩主に）なれ親しみ、身分の低い民衆も草葉がかぐわしい風になびくように（藩主の）徳政に従って、家が富み国が栄えた（その藩主の）頼りを失ってから、（藩内の武士も民衆も）身の置き所もない感じでさまよい合っていたことは、当然すぎるほどだ。物の数ではない私自身も頼りにしていた主人（＝正方）に付き従って、東国の武蔵の国までさまよい歩いて、今年の七月ごろ京へ帰り上っても、やはり住み慣れた（肥後の）国のことは忘れがたく、親兄弟（など）恋しい人が多くて、見舞いがてら（肥後へ）下向したのだが、去年から今年にかけてのつらさや苦しさは、お互い言葉では言い表せないほどだ。こうしてしばらく滞在して、ふたたび京の方へ（行こう）と思い立ったが、老いた親、古い友人などが慕って引きとどめて、貧しい暮らしであっても同じ所に住んでお互いに助け合おうなどと、さまざまに言うのを、振り捨てがたくはございましたが、（肥後に）とどまることのできる（生計の）手段もなく、（かといって）先のことといっても何も決めているわけではないけれど、見知らぬ土地では（流浪の）身の上を恥じることもないだろうと気持ちを決めて、九月の末ごろ、秋の終わりとともに出立しました。

二〇一七年度　文系　三

出典　津阪東陽『夜航余話』〈巻之下〉

解答

問一
何やかやと運が悪くて世に認められず、これといった功績も名声も上げることができないで

問二
ますます、国家の役に立ちたいという若いときの気持ちも強く感じられなくなってしまった

問三
一晩中書物を読む若者の姿に若かりしときの自分を重ねて殊勝な心がけだと思う一方で、彼も自分のように将来、立身出世もかなわず不遇のままに年老いてしまうのだろうと思うと、彼が気の毒でならないということ。

問四
ぽつんと離れた村に明け方になってもまだ灯火が点いており、人家に一晩中書物を読む人がいるとわかる。

問五
この幼子は今さらどうして生まれ出てきたのだろうか。竹の子にはたくさん節があるように、つらいことの多い世の中だとは知らないのだろうか。

解説

問一

「とかく」は〝あれやこれや・いろいろ〟、「つたなし」は〝運が悪い〟、「不遇」は〝運が悪くて世に認められない〟、「させる」は〝たいした・これといった〟、「功名」は〝功績と名声〟の意。

解答ポイント　①「運つたなく不遇にして」＝運が悪く、世に認められず。②「させる功名」＝これといった功績や名声。

問二

「いとど」は〝ますます・いっそう〟の意。「其意」は前の「あはれ国家の用に立たんと、意を奮ひて」の「意（＝気持ち・こころざし）」に同じ。「切なり」は〝心に強く感じられる・切実だ〟の意。「ぬ」は完了の助動詞。

解答ポイント　①「いとど」＝ますます。②「其意」＝国家の役に立ちたいという気持ち。③「切ならず」＝切実でない。

問三

「我身のむかしに感じて」とは、一晩中読書に励む若者の姿に、若かりしときの自分を重ねたということ。「わかき時より……意を奮ひて心ざし」たことをいう。しかし傍線部（1）にあるように、刻苦勉励のかいもなく、不遇のままに年老い、田舎役人に成り下がってしまったことを嘆く。この若者も自分と同じような運命をたどるのではないかと危惧して、「その行末をあはれみいとほしむ」のである。この事情を説明する。

解答ポイント　①一晩中読書に励む若者に若かりしときの自分を重ねる。②若者が自分と同じ不遇な人生を送ることを気の毒に思う。

問四

本文後半の「暁を侵して……人ありと覚ゆ」の部分が波線部のおおよその訳になる。「孤村」とは〃一つぽつんと離れた村〃をいう。「到暁」は〃明け方になって〃の意（明け方に到着したという意なら、「暁到」の語順になる）。「知」は「有」以下の全体を目的語とする。「読書」は「有」の目的語なので「書を読むもの」と訓読する。

解答ポイント

①「孤村」＝ぽつんと離れた村。②「読書」＝書物を読む人。

問五

二句切れの和歌。「なに」は疑問の副詞で、原因推量の助動詞「らん」と呼応する。「生ひ出づ」は〃生まれ出る〃または〃育つ〃の意であるが、「今さらに」とあるので、前者の訳が適当。「竹の子」は幼子をたとえると同時に、「ふししげき世」を導く働きをする。「ふし」は「（竹の）節」と「（憂き）ふし（＝こと）」の掛詞。「世」も「よ（＝竹の節と節の間）」の意を掛ける。「ずや」の「や」は疑問の係助詞（終助詞）。

解答ポイント

①「なに生ひ出づらん」＝どうして生まれ出てきたのだろうか。②「竹の子のうきふししげき世」＝竹の子に節が多い＋つらいことの多いこの世。

通釈

宋の人晁冲之《てうちゆうし》の「暁行《げうかう》」（という題）の漢詩「老い去りて功名の意転《うたた》疎《そ》なり、独り瘦馬《そうば》に騎《の》りて長途《ちやうと》を取る、孤村《こそん》に暁《あかつき》に到りて猶《な》ほ灯火あり、知る人家《じんか》に夜書《しよ》を読むもの有るを（＝年老いて、功績や名声を上げたいという気持ちはますます弱まり、一人痩せた馬にまたがって長い旅に出る、ぽつんと離れた村に明け方になってもまだ灯火が点いており、人家に一晩中書物を読む人がいるとわかる）」は、たいそう感慨深い作である。若いときから書物を読み学問をして、ああ国家の役に立ちたいと、心を奮い立たせて志したものの、何やかやと運が悪くて世に認められず、これといった功績も名声も上げることができないで、むなしく年老い衰えるままに、ますますその（＝国家の役に立ちたいという）気持ちも強く感じられなくなってしまった。せっかく身につけた学問は、むなしく持ち腐れになった。結局は下級の田舎役人と成り下がって、はるばると遠国へ下って行く。よい馬も飼うことができないので、荷物を運ぶ駄馬のような馬に乗って行くのは、みじめで情けない境遇であった。さて明け方宿駅から宿駅への道を行くと、道沿いの田舎の家で物音がして、灯火が見えるのは、徹夜して書物を読む人がいるのだと思われる。どのような人の息子であろうか、健気で感心な心がけではあるけれど、かわいそうで気の毒なことだと、わが身の昔に（重なるように）感じて、彼の将来をあわれみ気の毒がるのである。『古今和歌集』に凡河内躬恒（の歌がある）「思い悩んでいたとき、幼子を見て詠んだ（歌）。この幼子は今さらどうして生まれ出てきたのだろうか。竹の子にはたくさん節があるように、つらいことの多い世の中だとは知らないのだろうか」。まったくこの漢詩と同じ感慨である。

二〇一七年度　理系　三

出典　中島広足『海人のくぐつ』〈嘉永元年のしはすばかりにおもひし事〉

解答

問一
時々は快方に向かう様子でもあったので、いくら長患いだといっても最後には全快してすっかり気分もよくなるだろうとばかりずっと思い続けていた。

問二
他にも知人と死別したときや、故人を供養するときに詠んだ自作の和歌は数多いけれど、臆面もなく書き記すのははばかられるので、この辺で筆をおくということ。

問三
敦化は病状が回復して気分がよかったのだろうか、今年の春は杖をついて野山に出かけたいと和歌に詠んでいたのに、その春に野山ならぬ死出の山路へと旅立ってしまったとは思いもよらず、痛切極まりないということ。

解説

問一
「をりをり」は〝時々〟、「おこたる」は〝病気がよくなる・快方に向かう〟、「さりとも」は〝そうはいっても・いくらなんでも〟の意。「さ」の指示内容（＝長患いである）を補って訳すとよい。「さはやぐ」は〝（病気が回復して）気分がよくなる〟の意。「〜はつ」は〝すっかり〜する・〜し終わる〟の意の補助動詞。「〜わたる」は〝ずっと〜し続ける〟の意の補助動詞。

解答ポイント　①「おこたる」＝病気が快方に向かう。②「さはやぐ」＝病気が回復して気分がよくなる。

問二

「別れ」は〝死別〟、「あと弔ふ」は〝死後をとむらう〟の意。「何か」は疑問・反語の副詞。ここは反語の意になる。「さのみは」は「さのみやは（＝どうしてそうばかりも〜していられようか、いやいられない）」に同じ。自分が詠んだ哀悼歌は数多くあるけれど、それらをいちいち書き記すのははばかられる、という慣用的な言い回しである。なお「とて（＝と思って）」の後に「筆をおく」などが省略されている。

解答ポイント　①死別や供養の際に詠んだ和歌は数多い。②和歌をいちいち書き記すのははばかられる。③筆をおく。

問三

Aの和歌について。「立ち」は「（霞が）立ち」と「立ち（いで）＝外出する」との掛詞。「まし」は意志・希望の意の助動詞。病気が快方に向かい、気分がよかったのか、今年の春は杖をついて野山に出かけたいと詠んでいる。Bの和歌について。「思ひきや（＝思いもかけないことだ）」は意外なことに驚きあきれる心情を表す慣用句。「や」は反語の係助詞（終助詞）。「立ち」は「（霞が）立ち」と「立ち（別れ）＝別れて旅立つ」との掛詞。敦化が野山ならぬ死出の山路に旅立ったことに驚き、その死を深く悲しむ心情を表している。以上の事情を説明する。

解答ポイント

①Aの和歌―杖をついて春の野山に出かけたい。②Bの和歌―敦化が死出の山路に旅立つとは思いもかけず、痛切極まりない。

通釈

敦化は、自分より二歳ほど下の年齢であった。四年ほど前から、病床に臥せっていたけれど、時々は快方に向かう様子でもあったので、いくらなんでも最後には全快してすっかり気分もよくなるだろうとばかりずっと思い続けていた。今年の一月の初めごろは、とりわけ気分もさわやかに思われたのだろうか、

今年の春は霞が立つとともに外に出て、野でも山でも杖をついて歩きたいものだ

と詠んで寄こしたので、すぐに私からも、

いつにもましてうれしいことだ、（今年の春は）野でも山でも君と一緒に遊びに出かけられる春だと思うと

と詠んで送ったのも昨日のことのようだ。（ところが）三月の初めから、急に容態が悪くなって、十二日に、永遠の別れの人となってしまった。

思いもしなかった。春の霞が立つころに君が（私と）別れて死出の山路に杖をついて旅立とうとはと嘆かずにはいられなかった。さらに（親しい）人々との死別の際にも、死後を弔う折々にも、詠み出した私の和歌は数多くあるけれど、どうして臆面もなく書き記せようか、いやできないと思って（筆をおくのである）。

二〇一六年度　文系　三

出典　『伊勢物語』〈第五十段〉
設問中の引用：契沖『勢語臆断』　劉向『説苑』

解答

問一
恨む筋合もないのに浮気ものだと言って寄こした女に対して、男も女が浮気ものだと言い返したという意味。

問二
説話では危険な行為ととらえて、九層の高殿を築くことの危うさを説くために卵を積み上げるが、Aの歌では不可能な行為ととらえて、自分を愛してくれない女を愛することは卵を積み上げる以上にできないことだと言っている。

問三
消えずに残るはずのない朝露も、やはり残ることもきっとあるだろう。でも誰であっても、はかない仲のあなたの心を、後々まで変わらないだろうと信頼しきれはしない、という意味である。

問四
（2）吹く風のために散ってしまったはずの去年の桜が散らないでいるような、ありえないことが起こったとしても
（3）流れて行く水の上に数字を書き留めようとするような、努力のしがいのない、むなしいことよりも

問五　流れて行く水と過ぎさる年齢と散る花と、このどれが待てという言葉を聞き入れてくれるというのでしょうか。

解説

問一　「あだくらべ」の注がヒントになる。「恨むる（恨む）」は、ここでは、〝相手が浮気ものだと恨み言を言う〟の意になる。これを注釈書は「恨むまじきに恨むる」と説明する。「まじき（まじ）」は打消当然（〜はずがない）の助動詞で、女が男を恨むはずがないのに、言い換えれば男が女に恨まれる覚えもないのに恨み言を言われるという趣旨になる。さらに男もこのような言いがかりに対抗して、女を浮気ものだと恨み返したというのである。

解答ポイント
①「恨むまじきに」＝恨む筋合もないのに。②男女が互いに相手を恨み合う。

問二　説話では「危甚於此」とあるように、実際に盤上に駒と卵を積み上げて、九層の高殿を築くことの危うさを霊公に説いている。これに対してAの歌では「思はぬ人を思ふものかは」とあるように、自分を愛してくれないような女を自分が愛するなんてことは不可能なことだ、ありえないことだと訴えている。「思はぬ人」とは自分を思ってくれない、愛してくれない人をいう。「ものかは」は反語の終助詞。

解答ポイント
①説話—危険な行為。②Aの歌—ありえない、不可能な行為。

問三

「まじき（まじ）」は打消当然の意。「なほ」は〝（それでも）やはり〟、「ぬべし」は〝きっと〜だろう〟の意。「誰か」の「か」は反語の係助詞。「あだなる世の人の心」はBの歌の「この世」を解釈したもので、「あだなる（あだなり）」は〝はかない〟、「世」は〝男女の仲〟の意になる。「たのみはつ」の「はつ」は〝〜し終わる・（完全に）〜しきる〟の意の補助動詞。「べき（べし）」は推量の意。

解答ポイント

①「消え残るまじき」＝消えずに残るはずのない。②「あだなる世の人の心」＝はかない仲のあなたの心。

問四

（2）「去年の桜は散らず」とは、〝去年咲いた桜が散らないで（残って）いる〟という意で、ありえないことの比喩として働く。格助詞「に」は原因・理由を表す。「とも」は逆接の仮定条件を表す接続助詞。女の心は浮気で、去年の桜が残ること以上にあてにできないということ。

解答ポイント

①去年の桜が散らずに残っている。②ありえないことが起こる。

（3）「行く水に数かく」とは、〝流れて行く水の上に、数えるための数字を書き留める〟という意で、直後の「はかなき」からわかるように、努力のしがいのない、むなしいことの比喩として働く。格助詞「より」は比較の基準を表す。

解答ポイント

①流れて行く水の上に数字を書く。②努力のしがいがなく、むなしい。

問五

「行く水」「過ぐる齢」「散る花」と、はかなく永続しないものが並ぶ。「いづれ（＝どれ）」はこの三者を指す疑問の代名詞。「待ててふ」の「てふ」は「といふ」が変化した形。「こと」は〝言葉〟の意。「らん」は推量の助動詞。はかないものを三つ並べて、恋心も同じく思い通りにならず、はかなく移ろいやすいものだという意を込める。

解答ポイント

①「てふ」＝という。②「こと」＝言葉。

通釈

昔、男がいた。（浮気ものだと）恨み言を言って寄こした女を（逆に）恨み返して、

A　たとえ鶏の卵を百個積み重ねることができたとしても、自分を愛してくれない人を愛するなんてできないことです（卵を百個積み重ねること以上に不可能なことです）

と詠んだところ、（女の返歌は）

B　はかない朝露も消えずに残ることもきっとあるでしょう。でもいったい誰が、朝露よりもはかないあなたとの仲を信頼しきることができましょうか、いやできません

また、男（が詠んだ）、

C　吹く風のために散ってしまったはずの去年の桜が散らないでいるような、ありえないことが起こったとしても、ああ頼みにできないことです。人の心は（去年の桜が散らないこと以上に頼みにできない）

また、女の、返歌は、

D　流れて行く水の上に数字を書き留めようとするような、努力のしがいのない、むなしいことよりもはかないのは、愛してはくれない人を恋い慕うことなのですね

また、男（が詠んだ）、

Ｅ　流れて行く水と過ぎさる年齢と散る花と、このどれが待てという言葉を聞き入れてくれるというのでしょうか（人の心もおなじことですよ）

相手を浮気ものだと言い合っていた男女が、（どちらも）人目を忍んで他の人と通じていたのであろう。

【引用の漢文：『説苑』】

読み

孫息《そんそく》曰《い》はく、「臣能《しんよ》く十二の棋《き》を累《かさ》ね、九鶏子《けいし》を其《そ》の上に加ふ」と。公曰はく、「吾《われ》学ぶこと少なく未《いま》だ嘗《かつ》て見ざるなり。子寡人《しくわじん》の為に之《これ》を作《な》せ」と。孫息即《すなは》ち顔色《がんしよく》を正し、志意《しい》を定め、棋子《きし》を以《もつ》て下に置き、鶏子を其の上に加ふ。左右慴息《せふそく》し、霊公俯伏《ふふく》して、気息《きそく》続かず。公曰はく、「危ふきかな」と。孫息曰はく、「公九層の台を為《つく》り、三年成らず。危ふきこと此《これ》よりも甚《はなは》だし」と。

通釈

孫息が言うには、「私は十二個の将棋の駒を積み上げ、さらに九個の卵をその上に積み重ねることができます」と。（すると）霊公が言うには、「私は学ぶことが少なくて今までに（それを）見たことがない。あなたは私のためにそれをやって見せてくれ」と。（そこで）孫息はすぐに真剣な顔つきになり、気持ちを集中して、駒を下に置き、卵をその上に積み重ねていく。近臣たちは怖くて息をつめ、霊公はうつむいて、息が続かない。霊公が言うには、「危ないなあ」と。（すると）孫息が言うには、「殿様は九層の高殿を造り、三年経っても完成していません。その危ないことといったらこの卵を積み重ねること以上です」と。

二〇一六年度　理系　三

出典　大蔵虎明『わらんべ草』〈一段〉

解答

問一　書き記されたどんな言葉を見ても、書き手が表そうとした内容を十分に表現できていないものが多い。

問二
(2) 稽古するときは本番だと思って、気をゆるめず一つ一つの所作を大切に演じ、逆に本番では稽古だと思って、緊張せず平常心で演じなければならないということ。
(3) 自分を敵とみなして自分に打ち勝とうとしても、つい気がゆるみ、手加減してしまうように、狂言においても自分に厳しく稽古に励むのは難しいことだということ。

解説

問一　「いづれ（＝どれ）」は疑問の代名詞。二文前にもこの語があり、続く文で「業平の歌」が例にあげられているから、どちらも「万のこと草（＝言葉）」を指しているとわかる。「筆に及ばざる」は十分に書き表せないということ。業平の歌についても「心余りて言葉足らず（＝情感が豊かなあまり、それを十分に言葉で表現できていない）」と評されている。傍線部は「どの言葉も十分に表現できていないことが多い」と直訳できるが、解答欄の大きさに合わせてわかりやすく言葉を補う。

解答ポイント ①「いづれ」＝書き記されたどんな言葉も。②意図した内容が十分に表現できていない。

問二

（2）「晴」は正式の舞台、本番ということ。直後の文に「かりそめに稽古するとも……大事にすべし」とあるように、高貴な人たちが列席する正式の舞台に立ったつもりで、気をゆるめず一つ一つの所作を大切に演じなければならないと述べている。逆に本番では「前の心を忘れ、やすくすべし」とあるように、緊張せず稽古のときのように平常心で演じなければならないと述べている。

解答ポイント ①稽古は本番のつもりで気をゆるめず真剣に行う。②本番は稽古のつもりで緊張せず平常心を保って行う。

（3）「これ」は「我」を指す。敵がいないときは自分自身を敵だと思って自分に勝とうとすべきだが、この敵は難敵だという文脈になる。その理由は「油断強敵」とあるように、つい気がゆるみ手加減するからである。ただしこの文脈は兵法について述べたものであり、兵法の心得はたとえとして用いられているので、狂言の心得を説明する必要がある。それは稽古でも気をゆるめず自分に厳しく修練に努めよということである。

解答ポイント ①自分に勝とうとしても気がゆるみ、手加減してしまう。②狂言でも自分に厳しく稽古に励むのは難しい。

通釈

昔の人が言ったことには、どんな言葉を見ても、内容が浅いように見えても（実は）深い意味が込められていることがある。（逆に）内容が深いように思えても（案外）浅いこともある。どんな言葉でも注意して見たり聞いたりすれば興味深いことばかりだ。（例えば）業平の歌は情感が豊かなあまりそれを十分に言葉で表現できていないと（『古今和歌集』仮名序に）書いてあることからわかるだろう。どんな言葉も、（書き手が表そうとした内容を）十分に表現できていないものが多い。注意して見てみれば、言い残した言葉以上に内容的にすぐれたものもきっとあるだろうよ。

兵法の心得では、強大な敵に対しては弱小な敵と思って（勇敢に戦い）、弱小な敵に対しては（油断せず）強大な敵と思うべきだ、というのである。そのように、この（狂言の）道でも稽古を本番ととらえ、本番を稽古ととらえるべきだ、と言っていることは（兵法と）同じである。ちょっと稽古する場合でも、きわめて慎重にし、身分の高い人々の前と思い、敬って（一つ一つの所作を）大切に演じるべきである。そして本番の舞台に出た場合は稽古のときの心構えを忘れ、（緊張を解いて）気持ちを楽にして演じるべきだということである。強大な敵と対峙する者はその敵に勝つことを思い、気を引き締めるものだが、敵がいない者は油断して必ず気がゆるむものである。そのようなときは自分を相手として、自分に勝とうと思うべきである。（しかし）これ（＝自分）は難しい敵である。（中国の古典『大学』『中庸』にも）君子は他人が見ていない所でもその行いを慎むとある。必ず簡単そうなところに（思わぬ）過ちがある。油断大敵である。

二〇一五年度 文系 三

出典 『うつほ物語』〈忠こそ〉

解答

問一
（1） この千蔭を除いて、妻のいない人で再婚相手にふさわしい人はどこにいようか、いやどこにもいまい、
（2） 北の方は私を世間並の男とお思いになって、私が独り身でいるから再婚したいとおっしゃるのだろうか
（3） 千蔭はますます妻が生きていた昔のことばかりがつい思い出されて、たまに北の方の所へお通いになるときはいつも、心が打ち解けることもないままでいるのだが、

問二
共に伴侶をなくして寂しく暮らす左大臣の北の方と千蔭の様子を、それぞれ浅茅の茂る家、葎の生える家と比喩的に表現して、同じ独り者同士再婚して一緒に暮らさないかと、北の方が千蔭を誘っているということ。

問三
高貴な北の方が言葉を尽くして自分を誘い、「恥をかかせないで」とまで書いてよこすのに、それを無視するのは思いやりがなく、失礼でもあり、たとえ時々通ったとしても亡き妻のことを忘れることはないと考えたから。

解説

問一

（1）「これ」は千蔭を指す。「放ち（放つ）」は〝除外する〟の意。「の」は同格の格助詞。「よろしき（よろし）」は〝まあよい・普通だ〟の意が多いが、ここは〝ふさわしい・適当だ〟の意が合う。「か」は反語の係助詞。

解答ポイント

①「これ」＝千蔭。②「よろしき」＝ふさわしい。③「か」＝反語。

（2）「思し（思す）」「のたまふ」の主語は北の方。「世の人」は〝世間の人〟と〝世間並の人〟の意があるが、ここは後者。「一人」は独身であることをいう。北の方は、千蔭を世間並の男（で妻を必要としている）と思って、（妻を亡くした後、千蔭が）独身でいるから求婚するのだろうかということ。

解答ポイント

①主語の明示。②「世の人」「一人」の的確な訳。

（3）主語は千蔭。「いとど」は〝いっそう・ますます〟。「昔」は妻が生きていた昔をいう。「られ（らる）」は自発の助動詞。「ものし（ものす）」はここは「通ふ」に同じ。「ては」は〝〜するときはいつも・〜するたびに〟で、ある事実のもとで同じ結果になることを表す。「心解け（心解く）」は〝心が打ち解ける〟の意。

解答ポイント

①主語の明示。②「いとど」「ものし」の的確な訳。③自発「られ」の正確な訳。

問二

和歌の「浅茅繁き」と「葎生ほす宿」は、伴侶を失って独り寂しく暮らす北の方と千蔭を比喩的、婉曲的に表現したもので、実際に雑草が生えているわけではない。また「同じ野に」とは同じ独身者同士、再婚して一緒に暮らさないかという意を暗示している。北の方の千蔭に対する熱い思いを説明する。

解答ポイント

①「浅茅繁き」「葎生ほす」＝伴侶を失った寂しい暮らし。②再婚への誘い。

問三

最終段落の「これよりうちはじめて」以下「まうで通ひたまふ」までの内容を把握する。和歌の贈答をきっかけにして北の方がいろいろと言葉を尽くして千蔭を誘い、「恥見せたまふな」とまで訴えたのに対して、千蔭は、無視するのは思いやりがなく、高貴な人に恥をかかせることになると考え、もし北の方の希望どおりに時々通ったとしても、亡き妻のことを忘れることはあるまいと判断する。この事情を説明する。

解答ポイント

①北の方の積極的な誘いかけ。②北の方に対する千蔭の心遣い。③亡き妻に対する千蔭の思い。

通釈

女君は、このように（千蔭を恋しく）思って、山々寺々で加持祈禱を行い、神仏に大願をお立てになるが、その効験はない。（それで）北の方（＝女君）は、おおよそもう神仏にはお祈り申し上げまい、この人（＝千蔭）に私はこのように（恋しく）思っていますと告白しよう、自分は、（もう）親が大切に養育する（うぶな）娘でもないし、人妻でもない、もしそうで（＝娘や人妻で）あったら（女の側から求婚するのは）恥ずかしくもあろうが（未亡人だから恥ずかしがることはない）、この人（＝千蔭）を除いて、妻のいない人で（再婚相手に）ふさわしい人はどこにいようか、いやどこにもいまい、恥を捨てて告白しようとお思いになって、亡き左大臣の御乳母の娘で、あやきと言って、素晴らしく器量のよい少女を召し使っていらっしゃったが、その少女にめったにないほど立派な衣装を着させて、このように歌をお詠みしてお遣わしになる。

「私の家だけが伴侶を失って寂しく浅茅の茂るところだと思っていたのに、他にも伴侶を失って寂しく葎が生える家もあるとか聞きました

同じことなら、同じ野とお思いになりませんか（＝独り身同士なら、私の家も同じと思って一緒に暮らしませんか）」と書いて、趣のある浅茅にお手紙を挿した。そうして（千蔭に）差し上げなさる。

あやきは、千蔭のお屋敷に参上して、門の所に立っていた。お屋敷の人が見つけて、「不思議なくらい美しい少女だなあ」と見て思って、「どこから来たのか」と尋ねる。あやきは、「左大臣のお屋敷からです」と答える。（お屋敷の人は）驚いてお手紙を受け取って（千蔭が）ご覧になる。おかしなことに、（北の方は）どのようにお思いになって（私と再婚したいと）おっしゃるのだろうか、（私を）世間並の男とお思いになって、（私が）独り身でいるから（再婚したいと）おっしゃるのだろうかとお思いになって、長い葎を（従者に）折らせて、ご返事に、

他の人はさあどうだかわかりませんが、私は葎を枯れさせず、家も離れまいと思います。妻が忠こその養育を頼むと遺言して露のようにはかなく亡くなってしまった、この葎の茂る家からは

と書いて（北の方に）差し上げなさる。

このことが始めとなって、女（＝北の方）は興趣のあることもしみじみとした情趣のあることもお手紙に書いて差し上げなさっては、「（私に）恥をかかせないでください」と書いて差し上げなさるので、高貴な人がいちずにおっしゃることを、聞き流して終わってしまったら、薄情のようでもあり、北の方に御恥をかかせることにもなり、そうかといって、昔（＝亡き妻のこと）を忘れるならともかく（決して忘れることはないのだから）、時々は通って行って差し上げようとお思いになって、通って行って差し上げるが、男（＝千蔭）は現在三十歳余り、女（＝北の方）は五十歳余りである。（年齢的には）程よい親子くらいの関係であるうえに、

千蔭の大臣は、忠こその母君以外には、女性は二人とご存じでなく、（しかも）容貌が美しく上品で、年若い人を妻になさって、固い夫婦の縁を結んで暮らしていらっしゃるうちに死別なさったので、どのような世に、せめて（亡き妻に）似ていらっしゃる人を妻にできるだろうかと、吹く風、降る雨脚につけてさえ嘆き続けていらっしゃるうちに、心にそぐわない人で、（しかも）年老いて、容貌の醜い女性を妻になさったので、（千蔭は）ますます（妻が生きていた）昔のことばかりがつい思い出されて、たまに（北の方の所へ）お通いになるときはいつも、心が打ち解けることもないままでいるのだが、北の方は財産を注ぎ込んでお世話なさることこの上ない。

二〇一五年度　理系　三

出典　『雑々集』〈十九　穂に出でてと詠める歌の事〉

解答

問一
　男は田舎者で風流を解さなかったために、器量がよく音楽や和歌など風流なことに通じているものの、家事は不器用な女がまったく気に入らなかったから。

問二
　男は離縁を言い出す適当な言葉がないので、どんな欠点を探し出してやろうかと、その機会を待っていたところ、

問三
　男が家事の不器用な自分に飽き飽きしていたことは承知していたが、稲穂が出るようにはっきりと言葉に出して離縁を迫られると、今まで素知らぬふりをして耐え忍んできた自分がみじめでならないという気持ち。

解説

問一
　傍線部は男が女と離縁しようと思ったことをいう。その理由は「心あはず（＝気心が合わない・気に入らない）」ということで、それを具体的に説明する。手がかりは「貧しく落ちぶれたる人……世の事わざや後れた

りけん」の部分。女が美しく、音楽や和歌といった風流な方面に通じていたものの、家事は不得手であったという内容を把握し、それが田舎者で不風流な男にはまったく気に入らなかったことを説明する。

解答ポイント　①男＝田舎者・不風流者。②女＝美しい風流人・家事は苦手。③男は女がまったく気に入らない。

問二

主語は男。「言ひ出づ」は離縁を言い出すことをいう。「べき（べし）」は適当の助動詞。「なくて」の「て」はそのままでもよいが、理由ととって「ので」と訳すとぴったりする。「疵」は〝欠点・あら〟の意。「求め出でん」の「ん」は意志の助動詞。「折節」は〝機会〟の意。設問の指示に従い、解答欄に収まる範囲で具体的に訳す。

解答ポイント　①「男」「離縁」を明示する。②「疵」「折節」の的確な訳。③「べき」「ん」の正確な訳。

問三

和歌は三句と四句で切れる。「穂に出で」は〝穂になって出る〟と〝表面に出る〟の意の掛詞。〈注〉にあるように「いね」「あき」も掛詞になる。はっきりと言葉に出して男が「出て行け」と思っている、自分は素知らぬふりをしていた、男が自分に飽き飽きしていた、という三つの内容と、和歌の直前の「女いと恨めしく恥づかしと思ひて、顔うち赤めて」をあわせると、「つれなの我や」には、男の心変わりを知りながらもじっと耐え忍んできた自分を恥ずかしくみじめに思う心情が読み取れるだろう。

解答ポイント　①男が離縁の意思をはっきりさせる。②男が女に飽き飽きしていた。③女が男の変心を耐え忍んできた自分をみじめに思う。

通釈

今では昔のこと、そう遠くない昔のことであろうか、貧しくて落ちぶれた女が、生活の手段がないために、似つかわしくもなく、情趣を解するとは思えない男の妻となって、辺鄙な田舎に住んでおりましたが、この女は、顔だちが美しく、（風流な方面なら）何事であれ上手で、琵琶、琴を弾き、書物、和歌にだけは造詣が深く、（その反面）実生活上の家事は不器用だったのだろうか、その田舎者の男は、（女が）まったく気に入らないと思って、離縁しようと思った。しかしこの女は、人に憎まれるようなところがなく、（態度や礼儀が）きちんとした様子だったので、（離縁を）言い出す適当な言葉がないので、どんな欠点を探し出してやろうかと、その機会を待っていたところ、風が吹いて、家の前の田んぼの稲葉が一斉にそよいで、もの寂しい夕方、「この稲葉にことよせて、適当な和歌を詠んでください。もしできなかったら（このまま）連れ添い申し上げるつもりはない」と言うので、女はたいそう恨めしく（また）恥ずかしいと思って、顔を赤くして、

稲穂が出るように言葉にはっきり出して、家を出て行けとあなたは思っているのでしょうか。今まで私は素知らぬふりをしていたのです、秋がきてあなたは私に飽きたとは思っていたけれど

と詠んだところ、男は（女を）たいそういとおしく思って、ちょっと家事が下手なことも我慢して、末長い夫婦の縁を結んで添い遂げたということだ。それゆえ、男女の仲立ちともなったのは、まさしくこの和歌であるということだ。

二〇一四年度　文系　三

出典　後深草院二条『とはずがたり』〈巻三〉

解答

問一　折々に実家にさがっていた間でさえ気がかりに思われた御所の内を見るのも、今日が最後かと思うと、

問二　長年仕えた御所を退出する悲しみで涙にくれていたときに、自分を恨んでいた実兼から気遣いの声をかけられ、かえって言葉にならないほどつらさが募る心情。

問三
(3)　院のご意向だからこそ、こうして御所を退出しなければならないのだろう
(4)　御所から退出したら今後はどうして院にお会いできようか、いやできないだろうと思うので、
(5)　どうして院を恨めしく思い申し上げずにいられようか、いや思い申し上げずにはいられない。

解説

問一　「四つといひける」から傍線部にかけて回想部分になる。「里居」は〝宮仕えの人などが実家に帰っていることと・里さがり〟の意。「だに（＝さえ）」は類推の副助詞。「心もとなし」は〝気がかりだ〟の意。「御所の内」

と「今日や限り」のつながりが悪いので、「見るのも」などと言葉を補うとよい。順接確定条件を表す接続助詞「ば」は〝〜と〟または〝〜ので〟と訳せばよい。

解答ポイント

①「里居」「心もとなし」の適切な訳。②「御所の内」と「今日や限り」のつながり。

問二

直前の「問ふにつらさ」とは、〈注〉の和歌からわかるように、事情を尋ねられたり、慰めの言葉をかけられたりすると、かえってつらさが募るという人情の機微を表現した言葉である。本文でも、御所を退出しなければならないために悲しみの涙にくれる二条のもとに、実兼が訪れて二条を気遣う言葉をかけている。この事情を本文の筋に従いながら説明すればよい。

解答ポイント

①御所を退出しなければならない悲しみ。②二条を気遣う実兼の言葉。③言葉にならないほどにつらさが募る。

問三

(3)「ざま(様)」は対象になる人を婉曲的にいう接尾語で、〝御所の方〟すなわち後深草院をいう。「御気色」は〝ご意向〟の意。「ばこそ」の「こそ」は順接確定条件の「ば」を強める。「かかる(かかり)」は「かくあり」の短縮形で、〝このようである〟の意。御所を退出させられることを指す。「らめ(らむ)」は原因推量の助動詞で、〝(…なので)〜なのだろう〟の意。

解答ポイント

①「御所ざま」「御気色」の適切な訳。②「かかる」の指示内容の明示。

(4)「今より後」とは御所から退出した後ということ。「いかにしてか」は副詞「いかにして」+係助詞

「か」の形で、下に「見まゐらすべき」が省略されている。疑問（どのようにして～か・どうして～か）または反語（どうして～か、いや～ない）の意を表す。ここは直後の「今一度見まゐらせむ」からわかるように、文脈上後者になる。接続助詞「ば」は〝～ので〟の意。

解答ポイント

①「今より後」の具体的な訳。②反語「いかにしてか」の具体的な訳。

（5）　副詞「いかでか」は疑問・反語・願望の用法があるが、ここは文脈上反語になる。不本意ながら御所を退出することになり、その挨拶に出向いたのに、後深草院は自分に屈辱を与えたまま立ち去ってしまう。その仕打ちを二条は恨めしく思う、という文脈である。「まゐらせざらむ」は、謙譲の補助動詞「まゐらす」の未然形「まゐらせ」＋打消の助動詞「ず」の未然形「ざら」＋推量の助動詞「む」の連体形の形。

解答ポイント

①反語「いかでか」の訳。②「御恨めしく」の対象の明示。③「まゐらせざらむ」の正確な訳。

通釈

そうだからといって、（御所を）退出するつもりはないと言うわけにはいかないので、退出しようとする準備をしていると、四歳の九月の頃から（御所へ）出仕し始めて、折々に実家にさがっていた間でさえ気がかりに思われた御所の内を見るのも、今日が最後かと思うと、すべての草木さえも目に止まらないものはなく、涙にくれておりますと、ちょうどその時私を恨んでいた人（＝西園寺実兼）が参上する音がして、「自分の部屋に下がっておられますか」とおっしゃるのも身にしみて悲しいので、ちょっと顔を出したところ、泣き濡らした袖の色もはた目にはっきりしていたのだろうか、（実兼が）「どうしたのですか」などとお尋ねになるのも、「問ふにつらさ（＝尋ねられるとつらさが募る）」とか思われて、何も言うことができないので、今朝の手紙を取り出して、「これが心細くて」とだけ言って、(実兼を) 部屋に入れて泣いていると、「いったい、どうしたわけだろう」と、誰も事情がわからない。

年配の女房たちなども訪ねて来て (慰めの言葉を) おっしゃるけれども、(私は、退出命令の理由について) 知っていることが何もないままでは、ただ泣くよりほかのことはできなくて、日も暮れゆくと、御所の方 (＝院) のご意向だからこそこうなのであろう (＝御所を退出しなければならないのだろう) から、また (院の御前に) 出るのも恐れ多い気がするけれども、(御所から退出したら) 今後はどうして院にお会いできようか、いやできないだろうと思うので、これが最後のお顔をもう一度拝見したいと思うばかりに、思い乱れながら出て御前に参上したところ、御前には公卿が二、三人いるばかりで、とりとめのないおしゃべりの最中であった。(私は) 絹糸で織った薄い衣に、薄に葛を青い糸で刺繍してあるものに、(その上に) 赤色の唐衣を着ていたが、(院が) ちらりとご覧になって、「今夜はどうしたのか、ご退出か」とお言葉がある。何とも申し上げるべき言葉もなくて伺候していると、「青葛を繰る山人のように手づるがあったらまた (御所に) やって来ようというつもりなのか。そんな青葛はうれしくもない」とだけ口ずさまれながら、女院のお部屋へお出かけになったのだろうか、立ち去ってしまわれたのは、どうして院を恨めしく思い申し上げずにいられようか、いや思い申し上げずにはいられない。

二〇一四年度 理系 三

出典 甲 『百人一首聞書』 乙 小倉無隣『牛の涎』

解答

問一

（1） 思う存分自分の盛りを迎えるのである。

（2） 秋の情趣も、ふだん暮らしている家の中にいてはそれほど身にしみては感じられず、

問二

うれしいことでも悲しいことでも、人づてではなく自分が現地に行って実際に体験してみなければ本当に感じ取ることはできない、という教訓。

問三

甲では「踏み分け鳴く」と解釈し、鹿が「紅葉踏み分け」て鳴いているのに対し、乙では「踏み分け」「聞く」と解釈し、猿丸大夫が「紅葉踏み分け」て鹿の鳴き声を聞いている。

解説

問一

（1） 「栄華」は〝時めき栄えること〟。「まま」は〝心のまま・思い通り・自由・勝手〟の意。鹿がどこにでも隠れ場所を見つけられて自由に生を謳歌するのだということ。

解答ポイント

①「栄華」の文脈に合った訳。②「まま」の正確な訳。

(2)「あはれ」は〝しみじみとした情趣・風情〟。「さのみ」は〝それほど・たいして(〜ない)〟。「悲し」は〝身にしみて感じられる・心が痛む〟の意。「悲し」を「悲しい」と訳すのは避け、せめて「もの悲しい」「切なく悲しい」などと訳したい。

解答ポイント

①「あはれ」＝情趣。②「さのみ」＝それほど・たいして。

問二

「教訓」とは「総じて」以下の「うれしき事も……感通(＝感じ取ること)はなきものなり」をいう。たんに直訳で済ませるのではなく、その趣意をふまえて一般化した形で解答する。

解答ポイント

①人づてではなく自ら体験する。②「感通」＝感じ取ること。

問三

相違点として次の三点が考えられる。①甲＝鹿が「踏み分け(る)」。乙＝詠み人(＝猿丸大夫)が「踏み分け(る)」。②甲＝隠れ場所がなくて鹿が鳴く。乙＝妻を求めて鹿が鳴く。③甲＝鹿に同情した悲しみ。乙＝秋全体のもの悲しさ。このうち、①は主語が変わり、和歌全体の趣向(設定)が変わってしまう。これが和歌の骨格を決定する最も大きな相違点である。②と③では、鹿が鳴いて詠み人が悲しく思う、という情景自体に変わりはない。

解答ポイント

「紅葉踏み分け」の主語の違い。

通釈

甲

この鹿には心がやはりある。春・夏などの草木が茂って、隠れ場所の多い時季は、野にも山にも里にも起き伏しして思う存分自分の盛りを迎えるのである。（しかし）秋が暮れて、草木も枯れていくにつれて、（鹿は）だんだんと山の近くへ行くが、やはりそこも隠れ場所がなくなるので山奥を頼りにして入るが、また（そこも）隠れ場所がないので木の葉を踏み分け、露、時雨に濡れて鳴く鹿の（悲しい）心は、推し量ってわかるだろう。今はもうどこへ行ったら身を隠す場所があるのだろうかと、かわいそうに思えるのである（という趣旨になる）。

乙

この歌は、秋の情趣もふだん暮らしている家の中にいてはそれほど身にしみては感じられず、家を出て山奥へと分け入り、紅葉の落ち葉を踏み分けて、たいそう情趣が感じられるちょうどその折、妻を恋い慕って鳴く鹿の声を聞くときにこそ、初めて秋のもの悲しさを理解するという意である。総じて、うれしいことも悲しいことも、その場所へ深く立ち入って見てみないときは、実感がないものである。

二〇一三年度　文系　三

出典　紫式部『源氏物語』〈宿木〉

解答

問一

匂宮は恋しくお思いになる人を妻にしていらっしゃるから（お越しにならないのだろう）と思うと、右大臣は不愉快だけれど

問二

（2）なんとかして（苦悩を）表情には出すまいとこらえこらえして、さりげなく気持ちを静めなさるものだから

（3）今じきに戻って参りましょう。独りで月をご覧になってはいけません。（私も）心が上の空なのでとてもつらいです。

問三

Aは右大臣の娘との婚儀のためとはいえ、いとしい中の君を見捨てて出かけるのはかわいそうだと思う気持ちであり、Bは婚儀の夜に現れない自分を待ちわびているであろう右大臣とその娘を気の毒に思う気持ちである。

問四

右大臣の娘との結婚は匂宮の本意ではないのだから、婚儀に出かける彼の後ろ姿を見ても何とも思わないつ

もりなのに、ただもう涙があふれ出るほどに悲しくなるので、思うにまかせぬ自分の心が情けなく、つらいと思わずにはいられないでいる。

解説

問一

匂宮が婚礼の夜に姿を現さないので、右大臣が心配する場面。「思す」は「思ふ」の尊敬語で、ここは〝恋しく思う・愛する〟の意。匂宮が主語。「持たまへれば」の後に「見えざらむ」などが省略されているので、補って訳した方が自然な訳になる。「と」は〝と思うと〟の意。「心やましけれ（心やまし）」は〝不愉快だ・おもしろくない〟の意で、右大臣の心情を表す。

解答ポイント

①前半と後半それぞれの主語の明示。②「思す」「心やましけれ」の適切な訳。

問二

（2）中の君の様子を描写する。「いかで」は打消意志の助動詞「じ」と呼応して願望（＝なんとかして〜）の意を表す。「気色」はここは〝顔色・表情〟の意。「念じ（念ず）」は〝我慢する・こらえる〟の意で、日ごろの苦悩をこらえる様子をいう。「返し（返す）」は〝繰り返し〜する〟の意で、補助動詞的用法。「つつ」は反復を表す接続助詞。「つれなく（つれなし）」は〝さりげない・平気だ〟。「冷まし（冷ます）」は〝気持ちを静める〟の意。

解答ポイント

①「いかで」「念じ返し」の訳。②「つれなく」「冷まし」の訳。

（3）婚儀に出かける匂宮の言葉。「参り来」は「来」の謙譲語。文脈から〝戻って参ります〟などと適切に訳す。「ん」は意志の助動詞。「な〜そ」は禁止表現。独り悲嘆にくれて月を見ることを諫めたもの。「心そらなれ（心そらなり）」は〝上の空だ・気もそぞろだ・落ち着かない〟。「苦し」は〝つらい〟の意。

解答ポイント

①「参り来ん」の適切な訳。②「な〜そ」の訳。③「心そらなれ」の訳。

問三

Aは直前に「らうたげなるありさまを見棄てて出づべき心地もせず」とあるように、中の君を見捨てて婚儀に出かけることをかわいそうに思う気持ちをいう。Bは直前の「かれ（＝あちら）」が右大臣およびその娘を指していることから、婿の匂宮を待ちわびている彼らを気の毒に思う気持ちをいう。なお「いとほし」には〝かわいそうだ・気の毒だ〟の意のほかに〝かわいい・いとしい・いじらしい〟などの意もあるが、「かれもいとほしければ」とあるように、A・Bともに同じ意に用いられている。

解答ポイント

①A＝中の君を見捨てて行くのがかわいそうだ。②B＝婿の到着を待ちわびる右大臣と娘が気の毒だ。

問四

「ともかくも思はねど」とは、婚儀に出かける匂宮の後ろ姿を見ても何とも思わないということ。これは右大臣の娘との結婚が匂宮の本意ではないことがその背景にある。「ただ枕の浮きぬべき心地すれば」とは、悲しみで枕が浮くほどに涙があふれそうだということ。前者が表層の心理とすれば、後者は深層の心理である。これを「心憂きものは人の心なりけり」と中の君は感じている。すなわち、思うにまかせぬわが心（深層の心理）をつらく、情けなく思うのである。文末の「る」は自発の助動詞。

解答ポイント

①表層の心理＝匂宮の結婚を何とも思わない。②深層の心理＝深い悲しみ。③思うにまかせぬわが心がつ

らく、情けないという思い。

通釈

右大臣（＝故光源氏の子で右大臣の夕霧）邸では、六条院の東の御殿を美しく飾り立てて、この上なく準備万端整えて（匂宮を）お待ち申し上げなさるのに、十六日の月がしだいに昇るまで（匂宮がお越しにならず）もどかしいので、「（今回の婚儀は）あまり気乗りなさらないことであり、どうであろう」と（右大臣は）心配にお思いになって、（匂宮の様子を）探らせなさったところ、「この夕方宮中から退出なさって、（自宅の）二条院に帰っていらっしゃるそうです」と使いの者が申し上げなさる。（匂宮は）恋しくお思いになる人を妻にしていらっしゃるから（お越しにならないのだろう）と思うと、（右大臣は）不愉快だけれど、今宵が過ぎるのも世間の物笑いであるにちがいないので、ご子息の頭中将を使者として（次の歌を）お詠み申し上げなさった。

大空の月でさえ宿っている私の家に、お待ちしていた宵を過ぎてもお見えにならないあなたであるよなあ。

匂宮は、「なまじっか今日（が婚儀の日である）とは（中の君に）知られないようにしよう、ふびんだ」とお思いになって、（六条院へは直行せず）宮中へお出かけになったのだが、（中の君に）お手紙を差し上げなさった、そのご返事はどうであったのだろうか、やはりたいそういとおしくお思いにならずにはいられなかったので、こっそり（二条院へ）お帰りになったのであった。（中の君の）いかにも可憐な様子を見捨てて出て行ける心地もせず、かわいそうなので、あれこれと愛を誓い慰めて、一緒に月を眺めていらっしゃる時であった（頭中将が匂宮を迎えに来たのは）。女君（＝中の君）は、ふだんもいろいろと思い悩むことが多いけれど、なんとかして（苦悩を）表情には出すまいとこらえこらえして、さりげなく気持ちを静めなさるものだから、（匂宮の縁談を）特に気にもとめない様子で、おっとりとふるまっていらっしゃる表情が何ともいじらしい。

（匂宮は）中将（＝頭中将）が参上なさったことをお聞きになって、そうはいってもやはりあちら（＝右大臣と姫君）も気の毒なので、（六条院へ）お出かけになろうとして、「今じきに戻って参りましょう。独りで月をご覧になってはいけません。（私も）心が上の空なのでとてもつらいです」と言い残し申し上げなさって、それでもやはりきまりが悪いので、物陰から寝殿へお出でになる。（中の君は）その御後ろ姿を見送る時に、何とも思わないけれど、ただもう（あふれる涙で）枕が浮いてしまいそうな気持ちがするので、「情けないものは人の心であった」と自分ながらつい思い知るのである。

二〇一三年度 理系 三

出典 本居宣長『玉勝間』〈四の巻 前後と説のかはる事〉

解答

問一
同じ人の学説が、こちらとあちらで食い違っていて同じでないのは、どちらに従えばよいのだろうかと迷いやすくて、およその人の学説が、すべて根拠のない気が自然としてくるのは、

問二
学問は年月とともに進んでいくのであり、一人の一生の間でも次々に真理が明らかになっていくのだから、同じ人の学説が前と後とで変わるのは必然であり、その人の研究がすぐれていることの証拠にもなるから。

問三
同じ人の学説が前と後とで変わる時は後の方をその人の学説と考えるべきだが、前の方がよい場合もあるので、見る人がその取捨選択を判断しなければならないということ。

解説

問一
「よる」は〝従う・基づく〟。「べき（べし）」は適当・当然の助動詞。「まどはしく（まどはし）」は動詞「まどふ（＝迷う）」を形容詞化したもの。「うき（浮く）」は〝根拠がない・いいかげんである〟の意。「たる（た

り)」は存続の助動詞。「らるる」は自発の助動詞「らる」の連体形で、準体法(〜こと・〜の)の用法になる。

解答ポイント

①「よる」「まどはしく」「うき」の訳。②助動詞「べし・らる」の適切な訳。

問二

「さしもあらず(=そうでもない)」の「さ」は傍線部(1)を指している。その直後の「はじめより終はりまで」以下、同じ人の学説が時を経て変化することを擁護した、「明らかになりゆくなり」までの部分をまとめる。学問の進歩と学説の変化という二つのポイントを中心に説明すればよい。

解答ポイント

①学問は進歩する。②学説が変化するのは当然。③学説の進歩は研究の優秀性の証明。

問三

「さればそのさきのと後のとの中には」以下をまとめる。「とにかくに」とは、ある人の学説が前後で異なる場合、どちらの学説をその人の説とみなすべきかということ。「えらび」はその選択をいう。「見む人」の「見る」は〝見て判断する〟の意。

解答ポイント

①後の方をその人の学説と考えるべき。②前の学説がよい場合もある。③見る人が判断すべき。

通釈

同じ人の学説が、こちらとあちらで食い違っていて同じでないのは、どちらに従えばよいのだろうかと迷いやすくて、およそその人の学説が、すべて根拠のない気が自然としてくるのは、それは一応はもっともなことであるけれど、やはりそうでもない。最初から最後まで学説の変わることがないのは、かえってすぐれていない面

（例えば学問の硬直性）もあるのだよ。初めに決定しておいたことが、時を経て後にまた別のよい考えが出て来るのは、常にあることなので、（むしろ）初め（の学説）と変わっていることがあるのがよい。年を経て学問が進んでいくと、学説は必ず変わらないではおかない。また自分の初めの間違いを後で知ったからには、包み隠さずに潔く改めたのも、たいそうよいことである。とりわけ我々の国学の道は近年始まったことなので、すぐさますべてを考究し尽くすことはできない。人を経て年を経てこそ、次々に明らかになっていくはずのことなので、一人の学説の中でも前の説と後の説とで違うことは、もちろんないままでいることはできないのである。それは一人の一生の間にも、次々に明らかになっていくのである。だから前の説と後の説との中では、後の説をその人の決定した説とすべきである。ただしまた、自分では初めの説をよくないと思って改めたものの、また後に他人が見ると、やはり初めの説の方がまあよくて後の説はかえって悪いこともないわけではないので、いずれにせよ（前の説と後の説のいずれをとるかという）取捨選択は見る人の判断次第である。

二〇二二年度　文系　三

出典　香川景樹『百首異見』

解答

問一

（1）おしゃべりをして夜更かしして、つい眠くなるその堪えがたさ

（2）（女房たちの）ひそやかな打ち解け話をはっきり聞きつけたことを、得意げに言ったその場限りの冗談である。

問二

忠家が戯れて腕枕を提供すると、周防内侍が巧みで品格のある恋歌に仕立てて断るという二人のやりとりを聞いて、他の女房たちの眠気も覚めたに違いないということ。

問三

・忠家の何でもない戯れを、周防内侍が恋のやり取りに仕立てて歌を詠んだ点が面白いのに、忠家の差し出した「かひな」を即興で隠し題にして「かひなく」に詠み込んだ点だけを興趣があるとするのは適当でない。

・「かひなを」云々という言葉は撰者が詞書に記したもので、忠家は「これを」としか言っていないのに、忠家の「かひなを」という発言を受けて周防内侍が「かひなく」と歌に詠んだと解釈するのは誤りである。

解説

問一

（1）「語らひ（語らふ）」は〝語り合う・おしゃべりする〟の意。「るる」は自発の助動詞「る」の連体形。「わりなさ」は「わりなし（＝たえがたい・しかたがない）」を名詞化したもの。夜更かしして堪えがたい眠気に襲われる様子をいう。

解答ポイント

①「るる」＝自発の訳。②「わりなき」の文脈に合った訳。

（2）「みそかなる（密かなり）」は〝ひそやかだ・こっそり〟。「うちとけごと（打ち解け言）」は〝打ち解けた話・包み隠しのない話〟の意。眠気をかこつ女房たちの内輪話をいう。「聞きあらはし（聞き顕す）」は〝（秘密などを）聞き出す・はっきり聞きつける〟。「したりがほ」は〝得意顔・得意そうな様子〟。「座興」は〝その場限りの戯れや冗談〟の意。私の腕枕はどうですかと忠家が軽い冗談を言ったということ。前半と後半が自然な日本語でつながるように適宜言葉を補って訳す。

解答ポイント

①「うちとけごと」の訳。②「したりがほ」の訳。

問二

「よその眠」とは他の女房たちの眠気をいう。「つべし」は完了・強意の助動詞「つ」＋推量の助動詞「べし」の形。女房たちの眠気が覚めた理由を、忠家と周防内侍のやりとりを具体化して説明する。特に、周防内侍の歌の優れていた点として筆者が解説した「其の座興をすかさず恋のうへにとりなして……歌がらさへなつかしき」の部分に着眼する。

解答ポイント

①忠家の戯れ。②周防内侍の巧みな応酬。③他の女房たちの覚醒。

問三

「非」は〝誤り・欠点〟の意。同最終段落の「何ぞさばかりのみを興とせん……何ばかりにもあらぬ事也」、および「詞書に『かひなを』云々と……其の詞をうけてと解くべきにはあらじ」がその具体的内容になる。前者については、戯れを恋歌に仕立てたという点を中心に説明する。なお「かひなく」に「かひな」の意味が重なる点については掛詞と物名（隠し題）の二説があるようだが、「肘をかくして」「肘をよみ入れたる」とあるように、筆者は物名と解しているので、それに従って説明する。また後者については、「これを」か「かひなを」かという瑣末的な事柄を問題としている点を具体的に説明する。

解答ポイント

第一点　①戯れを恋歌に仕立てた面白さを指摘していない点。②物名（隠し題）のみを興趣だとした点。

第二点　①「かひなを」は撰者の詞書にある点。②忠家は「これを」としか言っていない点。

通釈

短い春の夜の夢のようにはかない手枕を借りたせいで、つまらないうわさが立ってしまっては口惜しいことです。

『千載集』雑上に、「陰暦二月ごろの月の明るい夜に、二条院で人々が大勢夜明かししておしゃべりなどしておりましたときに、内侍周防が物に寄りかかって横になり、枕があったらよいのにとひそやかに言うのを聞いて、大納言忠家が、これを枕に（してください）と言って、（自分の）腕を御簾の下から差し入れましたので、詠みました」と（詞書に）書いてある。この春の夜の夢のように（短い）間だけ交わす手枕のせいでうわさが立つのはつまらない。そのような浮名はたいそう口惜しい」と、（手枕を）断る向きで詠んだのである。そして「かひなく」に腕（かひな）を隠し題にして詠んでいる。忠家卿の返歌は、「男女の縁があって短い春の深夜に交わす深い手枕を、どうしてつまらない夢に終わらせてよいものでしょうか」と詠んでいる。

これはおしゃべりをして夜更かししてつい眠くなる堪えがたさを、こちら側（＝御簾の中）の者どうし（物に）寄りかかってささやいたのを、忠家卿のお座りになる場所が、その御簾の近くなので、素早く聞きつけて、「その枕を差し上げましょうか、せめてこれだけでも（枕の代わりとしてください）」と言って、腕を（御簾の中に）差し入れなさったのである。（女房たちの）ひそやかな打ち解け話をはっきり聞きつけたことを、（忠家が）得意げに言ったその場限りの冗談である。寝るにはまだもの足りない若い女房の春の夜の戸惑いを（ありありと）見る心地がする。さてその冗談をすぐさま恋の話に仕立てて、「短い春の夜の夢のようにはかない」云々と（内輪話を聞かれたことの）負け惜しみに詠み出したのがかえって面白く、歌の品格までも魅力的なので、他の（女房たちの）眠気も覚めてしまったにちがいない。（これに対して）そのように詠まれて後に、「どうしてつまらない夢に終わらせてよいものでしょうか」などと相手側に合わせた返歌を（忠家が）なさったのは、かえって愚かしいと言わなければならない。

『初学』に、「この歌は、腕（かひな）を（枕にしてください）と言って（御簾の中へ）差し入れたところ、この言葉を受け取って（「かひなく」と）即興で詠んだ点に興趣があるのだ」と書いてあるのは誤りである。どうしてその程度のことだけを興趣だとしてよいだろうか。これはなんでもない戯れを恋に仕立てた点が面白いのである。腕を（隠し題にして）詠み込んだのもやはり面白いけれど、でも何ほどのことでもない。そのうえ詞書に「腕を」云々と書いてあるのは、撰者の言葉である。あの忠家卿が露骨に「この腕を」とおっしゃったのではない。「これを」と言って差し入れたのがつまり腕なので、歌に（隠し題として）「かひなく」と詠んだにすぎない。だからこの言葉（＝「かひな」）を受け取って（「かひなく」と詠んだ）と解釈すべきではないだろう。

二〇一二年度　理系　三

出典　『苔の衣』〈春巻〉

解答

問一　「これの返歌をすぐに（書きなさい）」と内大臣がお勧め申し上げなさると、姫君はますます恥ずかしそうにお思いになっているけれど、

問二　姫君は容姿が美しいのに加えて筆跡もきれいで、将来の上達ぶりが自然と想像されて楽しみだということ。

問三　垣根が荒れて訪ねて来る人もいないなでしこに降りた露がこぼれ落ちるように、母が亡くなって見舞ってくれる人もいないこの私は、起きたり寝たりするたびに悲しみの涙がこぼれることです。

解説

問一

「そそのかしきこえ給へ」の主語は内大臣。「思したれ」の主語は姫君。「そそのかす」は〝せきたてる・勧める〟の意。「いとど」は〝ますます・いっそう〟の意の副詞。「つつましげに（つつましげなり）」は形容詞「つつまし（＝恥ずかしい・気が引ける）」を形容動詞化したもの。「げなり」は〝いかにも～らしい様子だ・

〜らしく見える〟の意。「たれ（たり）」は存続の助動詞。

解答ポイント

①前半・後半それぞれの主語の明示。②「いとど」「つつましげに」の訳。

問二

「手」は〝筆跡〟。「なども」とあるのは、姫君の美しい容姿（「限りなく見え給ふ」「なまめかしく様殊なる」）に加えてということ。「行く末」は〝将来〟。「思ひやられて」の「れ（る）」は自発の助動詞。姫君の筆跡がきれいで、将来の上達ぶりが想像されるという点を中心に、姫君の美しい容姿にもふれながら説明する。

解答ポイント

①姫君の容姿が美しい。②姫君の筆跡がきれいで、将来の上達ぶりが想像される。

問三

前斎宮の歌に対する、姫君の返歌である。「垣ほ荒れ」と「とこなつ」は前斎宮の歌の語句をそのまま引用したもので、それぞれ前斎宮の歌と同じく、北の方の死、姫君をたとえる。「〜（叙景）のように、〜（叙情）」という形で訳すのがよいだろう。「とふ」は〝訪ねる〟の意。「露」に「涙」の意を掛ける。

解答ポイント

①比喩の明示。②掛詞「露」の訳。

通釈

何となくしんみりとした勤行の合間に、（内大臣が）昼ごろ姫君のお部屋へいらっしゃったところ、宰相の乳母・侍従などが二、三人ほど伺候して、（北の方の）ご生前の事などが話題に出ていたのだろうか、しょんぼりしながら皆で物思いにふけっている。姫君は小さな几帳を引き寄せて物に寄りかかっていらっしゃる。年齢よりもたいそう大人びていて、北の方のことを尽きることなく心に嘆いていらっしゃるせいであろうか、少し顔がやつれていらっしゃるのがかえってこの上なく（美しく）見えなさる。濃い鼠色（喪中の色）の細長を上に重ねて着ていらっしゃるのがかえって優美で格別である。前斎宮からのお手紙といって届いたものを（内大臣が）ご覧になると、薄紫の色紙にとてもこまごまとお書きになって、終わりの方に、

植えておいた垣根は荒れてしまい、後に残ったなでしこの花を、いったい誰がかわいそうと思って見ているだろうか。母親に先立たれた姫君もこのなでしこと同じで、気の毒でならない。

と書いてあった。「これの返歌をすぐに（書きなさい）」と（内大臣が）お勧め申し上げなさると、（姫君は）ますます恥ずかしそうにお思いになっているけれど、（内大臣が）筆などを用意して、御厨子（＝調度や書画などをのせる置き戸棚）にある薄い鼠色の色紙を取り出して（返歌を）書かせ申し上げなさる。ご筆跡なども将来（の上達ぶり）が自然と想像されて、（成長した姿が）とても見てみたく、いとおしい。

垣根が荒れて訪ねて来る人もいないなでしこに降りた露がこぼれ落ちるように、母が亡くなって見舞ってくれる人もいないこの私は、起きたり寝たりするたびに悲しみの涙がこぼれることです。

二〇一一年度　文系　三

出典　井関隆子『井関隆子日記』

解答

問一
　繁栄していた都がすっかり荒廃してしまった様子や、自分が住んでいた人里などが一変してしまった様子を見ると、人は誰しも自然と悲しみの情を起こすにちがいないように思われるから。

問二
　明石の尼君が、旧宅に帰っても途方に暮れるばかりで、むしろ遣り水の方が主人のようだ、という内容の和歌を詠んだのももっともなことで、自分も旧宅の跡を訪ねて戸惑ってしまったが、井戸水だけは昔と変わらず澄んでいるのを見ると、昔が思い出されて懐かしくも寂しいという気持ち。

問三
(3)　花を賞美する人もいないようであるのに、いったい誰に見せたいと思って桜の花は咲いているのだろうかと思うと
(4)　ものを言わない花とは思うけれど、親兄弟が毎年春に集まって花見に興じた昔のことをもっと詳しく尋ねてみたい庭の桜であるよ。
(5)　花盛りのころには白梅がまるで雪のように空一面に眺められたのも、つい今しがたのような気持ちがして

解説

問一

直後の文（「そはいみじかりつる……催すべかめり」）が理由となる。「いみじかりつる」は〝すばらしい〟の意。繁栄していた都が年月を経て荒廃した様子をいう。「己が住めりし里」は〝自分が住んでいた人里〟の意。これも一変してしまった様子をいう。「おのづから」は〝自然と〟、「あはれ」は〝悲しみ〟の意。「べかめり」は推量の助動詞「べし」の連体形「べかる」の撥音便「べかん」（「ん」の無表記）＋推量の助動詞「めり」の形で、〝～にちがいないようだ・～のはずのようだ・～ようだ〟の意。内容説明の設問ではあるが、「べかめり」の正確な意味も問われているとみた方がよいだろう。

解答ポイント

①旧都や住んでいた人里の変化。②「おのづから」「あはれ」「べかめり」の正確な意味。

問二

「住み馴れし」の和歌は〝昔この家に住み慣れていた私は、帰って来てかえって戸惑うけれども、清水の流れは少しも変わらず、まるで家の主人のようだ〟の意。「かへりて（＝かえって）」に「帰りて」を掛ける。筆者も旧宅の跡をうろ覚えにたどりつつ、昔と変わらない井戸の澄んだ水に深い感慨を覚えて、明石の尼君の心情に「ことわりにて（＝もっともで）」と共感する。そして「はやく（＝昔）のこと」を思い出す。よって筆者の気持ちとして、明石の尼君への共感と懐旧の情を指摘できる。ただ懐旧の情とはいっても単に懐かしいというだけでなく、遣り水や井戸水に主人顔されたという点や、本文の後半に「うち嘆かれぬ」「さらに語らふ友もなし」「すずろに物がなし」とある点を考慮すると、寂しさもうかがえよう。

解答ポイント

①和歌の大意。②「ことわりにて」の意。③懐かしさと寂しさ。

問三

（3）「もてはやす」は〝賞美する・ほめそやす〟の意。「なかめる」は形容詞「なし」の連体形「なかる」の撥音便「なかん」（「ん」の無表記）＋推量の助動詞「めり」の連体形の形で、〝ないようだ〟の意。「を」は逆接の接続助詞。「とて」は〝と思って〟の意の格助詞。主語は桜の花。「か」の後に「咲けらむ」などを補う。桜の花は誰に見てくれ（見てほしい）と思って美しく咲いているのだろう、ということ。

解答ポイント　①「もてはやす」「なかめる」の正確な訳。②「誰見よとてか」の具体的な訳。

（4）「こととは（こととふ）」は「言問ふ」で、〝ものを言う〟の意。「いにしへ（＝昔）」は「親はらから……もてはやしつる」をふまえているので、この部分を具体化して訳す。「とは（とふ）」は単に「尋ねる」と訳すのではなく、「もっと詳しく尋ねる」などと訳した方が「さらに語らふ友もなし」にうまく対応する。「まくほしき」は希望の助動詞「まくほし」の連体形で、助動詞「まほし」の古形。「庭ざくら」は〝庭の桜〟。「庭桜」は別種の木。「哉」は詠嘆の終助詞。

解答ポイント　①「こととはぬ」「とはまくほしき」の正確な訳。②「いにしへ」の具体的な訳。

（5）「花」は白梅の花。「雪と」の「と」は格助詞で比喩を表す用法。〝雪のように〟の意。「のみ」は強意の副助詞で、訳す必要はない。「見渡されにし」の「れ（る）」「に（ぬ）」「し（き）」はいずれも助動詞で、順に自発・完了・過去の意味。「一面に眺められた」などと訳す。自発だからといって「自然と眺められた」と訳すと現代語として不自然になるので注意したい。直前に「梅の木どもの大きなる」とあるように、一面の梅の花が空を覆うように眺められたのである。「ただ今」は〝たった今〟の意。過去の情景が今眼前によみがえる様子をいう。

解答ポイント
①「雪とのみ」の具体的な訳。②「見渡されにし」の的確な訳。

通釈

住み慣れた土地が荒れている様子を見て、昔の人が悲しんだ歌々は、とても多い。それは繁栄していた都が年月を経てすっかり変わってしまった様子や、あるいは自分が住んでいた人里などが、いつのまにか（以前とは）別様に変わってしまったのを見て、自然と悲しみの情が起こるからにちがいないようだ。私の生まれた所は、四つ屋と言って、役人など取るに足りない身分の者があれこれ住み続けていたけれど、茅葺きや板葺きの家などで、堂々としたものではない。およそ田舎めいて崩れかけた家々が交じっていた。ある年の旧暦二月末ごろ、この辺りを行き来していた折に、（旧宅に）入って見たところ、昔住んでいた家の跡は草むらとなっていた。どこがどうとはっきりしないまま（草を）分けて入ると、そうはいっても庭と思われる辺りは植木などが枯れたまま残っており敷石もあちらこちらにある。たいそう苔むした井筒（＝井戸の囲い）に立ち寄って見ると、水だけは昔と変わらず澄んでいる。（『源氏物語』の中で）明石の尼君が「主人顔だ」と詠んだのももっともなことで、昔のことまでも自然と思い出される。いかにも古そうな木々が入り乱れて繁りあい、また垣根のそばに並べて植えてあった桜の木々が、一部は枯れてまだらに残っているが、時節をわきまえているように色づき咲いているけれど、花を賞美する人もいないようであるのに、いったい誰に見せたいと思って（桜の花は咲いているのだろう）かと思うと、思いがけずつい悲しくなった。この桜の木々は当時母屋と向かい合っていたので、親兄弟が集まって毎年春に、盃を手にしながら（桜を）興じ賞美していたのに、今は当時の人は独りさえ残っておらず、ただ私だけが生き残って、昔の春のまるで夢のような話を、まったく語り合う仲間はいない。

ものを言わない花とは思うけれど、親兄弟が毎年春に集まって花見に興じた昔のことをもっと詳しく尋ねてみたい庭の桜であるよ。

奥の方は少し下っていて、片側が崖になっている坂道を行くと、父君が好んで植えたと聞き覚えている、梅の木々で大きなものが、一部は朽ちるなどしてしまったが、若葉の色がとても美しく、花盛りのころには（白梅が）まるで雪のように空一面に眺められたのも、つい今しがたのような気持ちがしてむしょうにもの悲しい。

二〇一一年度　理系　三

出典　村田春海『織錦舎随筆』〈巻之上　文つくるにこころえあり〉

解答

問一　文章を書くことは用途の広い行為であって、すべてどのような事柄でも文章に記載してあるものは、後世にも伝えることのできるものではあるが、いい加減に書いてはならない。

問二　文章を書くことを、ちょっとした気晴らしの種とだけ思っている人が多いが、それは間違っている。

問三　文章は自分の意図が相手に正確に伝わることが第一で、奇抜な語句や美しい修辞は不要であると伊藤東涯も言うように、むやみに聞き慣れない古語など用いず、言葉の意味用法をよく理解したうえで、品格があって、文意の通じた端正な文章を書くべきだ。

解説

問一

「用」は〝用途・使い道〟。「わざ」は〝行為・こと〟。「にて」は断定の助動詞「なり」の連用形「に」＋接続助詞「て」の形。「何さま」は〝どんなふう〟。「たる」は存続の助動詞「たり」の連体形で、準体法（連体形を体言の資格で用いる用法。〝～の・～こと〟の意）になるが、ここは主格として働く。「伝ふべき」の「べき（べし）」は可能の意。「おろそかに（おろそかなり）」は〝いい加減に・なおざりに〟の意。「なすべからず」の「べからず」は禁止を表す。

解答ポイント

①「用広きわざ」「何さまの事」「おろそかに」の訳。②二カ所の「べし」の正確な訳。

問二

現代の人は文章を書くことを、月見や花見のときの風流な詠歌の遊びくらいにしか考えていないという趣旨を把握する。「はかなき（はかなし）」は〝ちょっとした・たわいのない〟の意がぴったりする。「心やりぐさ」は〝気晴らしの種・対象〟の意（「ぐさ」は動詞の連用形について、その動作の原因・対象・素材を表す用法）。「のみ」は限定の副助詞。「おもへる」の「る」は存続の助動詞「り」の連体形。「多かる（多し）」は準体法になる。「たがへ（たがふ）」は〝間違う〟の意。これに存続の助動詞「り」がつく。「多かる」以下、「多いのは間違っている」と直訳すると意味が通じないので、「多いが、それは間違っている」などと訳すとよい。

解答ポイント

①「文章を書くこと」の明示。②「はかなき心やりぐさ」の適切な訳。③「多かるはたがへり」の適切な訳。

問三

文章の書き方について筆者の考えと伊藤東涯の考えは基本的に同じであるが、「『伊藤の翁』の意見をも含めて」という指示があるので、まず伊藤東涯の引用文を要約的に説明したうえで筆者の考えを説明するのがよいだろう。前者については「恐其意之不達而聴者之不察」および「奇崛其句琱絵其詞」の部分を説明する。後者については前者で言及されていない「みだりに人の耳とほき古言をつづりて」の部分に触れながら、最後の

「ことのいひざまいやしからず」以下をまとめる。

解答ポイント

①伊藤東涯の引用文の要約。②筆者の考えの説明。特に、文意の通じた端正な文章を重視する点。

通釈

文章を書くことは用途の広い行為であって、すべてどのような事柄でも文章に記載してあるものは、後世にも伝えることのできるものではあるが、いい加減に書いてはならない。もしその書きぶりが稚拙であったら、内容を表現し尽くすのは難しい。だから分別のある人は、よく文章の書き方を学んでいるはずであるが、今の世の人は（文章を書くことを）ただ月を賞美し、花を興じ楽しむときなどの、ちょっとした気晴らしの種とだけ思っている人が多いが、それは間違っている。最近『閑居筆録』という本を手に入れたが、文章のことを記した箇所にとても納得のゆく論がある。あの都で有名だった伊藤東涯が晩年にお書きになったものだという。その書物に書いてあるのは、

昔の人が文章を書く際は病人の家の者が手紙を書いて医者の往診を求めたり、生活に困窮した人が手紙を書いてお金を借りたりするときのように（率直で明快な文章を心がけた）。自分の意図が伝わらず（手紙を）読む者が理解できないことだけが心配だったのである。どんな時間の余裕があって文章の字句を奇抜にし言葉を美しく飾って（人より）優れた文章を書こうなどと考えたりしようか。

と書いてある。これは文章を書くときの心得を巧みに説いている。そうはいっても漢文のことは、私のよく知らないことなので（これ以上）言うつもりはない。（ただ）近頃の人が和文を書くのを見ると、むやみに人の聞き慣れない古語を書きつづって、人を驚かそうとする者が多い。本来文章が下手であるのも、上手であるのも、（また）粗野であるのも、優雅であるのも、言葉が古いか新しいかとは関係がない（古い言葉を使ったか

らといって上手なわけでも優雅なわけでもない）。それは言葉の使い方が、その趣旨に合っているか、合っていないか、（また）その人の理解が深いか浅いかにかかっている。物事の書き方が下品でなく、意味がよく通っていて、端正で正確な文章をよい文章というのである。

書き下し文

古人の文《ふみ》を為《つく》ること病家《びやうか》の書を作りて医を請《こ》ひ、窮人《きゆうじん》の帖《でふ》を写して銭《ぜに》を貸《か》るがごとくす。其《そ》の意の達せずして聴く者の察せざることを恐るるのみ。何の暇《いとま》ありてか其の句を奇崛《きくつ》にし其の詞《ことば》を琱絵《てうくわい》して、以《もつ》て勝つことを求めんや。

二〇一〇年度　文系　三

出典　『増鏡』〈第十六　久米のさら山〉

解答

問一　離れてもどうして嘆いたりしようか。後醍醐天皇がお住みにならず、つらい故郷となってしまったこの都を。

問二（2）幕府は北の方との最後の対面さえ許可しないので、師賢はつらい気持ちを晴らすすべもなく悔しくて

（3）幕府に捕らえられた大勢の公家の中で、具行の罪がとりわけ重いだろうとうわさされるのは

問三　結局は夫具行も流罪になるに違いないとは、他の公家の身の上を見たり聞いたりするにつけても、覚悟していたものの

問四　勾当の内侍は、後醍醐天皇が都を去った時に泣き尽くしたと思った涙が、夫具行が鎌倉に護送される今、いっそう多くあふれ出て、身も流されてしまうほどに感じた、ということ。

解説

問一

二句切れの和歌。「とも」は逆接の強調仮定の用法（事実そうであったり確実であったりする事柄を仮定条件で表して強調する）。「たとえ離れることになっても」よりも、「離れても」と訳すのが適当。「何か」（副詞「何」＋係助詞「か」）は反語の用法。「ん」は意志または推量の助動詞。「で」は打消の接続助詞。「うき（うし）」は〝つらい〟。「ふるさと」は〝故郷〟の意。「なれる」の「る」は完了の助動詞「り」の連体形。

解答ポイント

①「とも」の正確な訳。②反語「何か」の訳。

問二

（2）「許さねば」までの主語は幕府。「今は限り」は〝これが最後〟の意。「対面」は「北の方との対面」または「夫婦の対面」と具体化する。「だに」は類推の副助詞。「晴るくる」以下の主語は師賢（直前の「あはれに悲しけれど」も師賢の心情を表わす）。「晴るくる（晴るく）」は〝気を晴らす〟。「かた」は〝手段・方法〟。「口惜しく（口惜し）」は〝残念だ・悔しい〟の意。

解答ポイント

①前半と後半の主語の明示。②「対面」の具体化。③「晴るく」「口惜し」の訳。

（3）「あまた」は〝大勢〟の意。前書きの部分を参考に、幕府に捕らえられた公家たちである点を具体的に示す。「重かる（重し）」は〝罪（処罰）が重い〟の意。「べく（べし）」は推量の助動詞。「聞こゆ（聞こゆ）」は〝うわさされる〟の意。

解答ポイント

①「あまた」の訳と具体化。②「重かるべく」の訳と具体化。

問三

「さるべき」は〝そうなるはずである〟の意。「同じ都にあり」との対比をふまえて、「夫具行が流罪になるに違いない」あるいは「夫具行が鎌倉へ護送されるはずだ」などと具体化する。「人の上」は〝他人の身の上〟。「思ひまうけ（思ひまうく）」は〝予期する・覚悟する〟の意。「ながら」は逆接の接続助詞。

解答ポイント ①「さるべきこと」の訳と具体化。②「思ひまうけながら」の的確な訳。

問四

傍線部は〝今いっそう涙があふれて我が身も流れ出してしまいそうに思われる〟の意。「ぬべく」は完了・強意の助動詞「ぬ」＋推量の助動詞「べし」の連用形の形。勾当の内侍は夫具行が鎌倉に護送される今、後醍醐天皇が都を去った時以上に多くの涙を流したという筋を把握する。直前の「そこら尽きぬ……げに残りありけり」の部分も解答に盛り込みたい。

解答ポイント ①「身も流れ出でぬべく」の意味。②後醍醐天皇が都を去る時、泣き尽くしたという内容。③夫具行が鎌倉に護送される今、いっそう涙が流れるという内容。

通釈

花山院の大納言師賢は、千葉介貞胤が警護して、下総（＝今の千葉県北部と茨城県南西部）へ下る。旧暦五月十日すぎに都を出発なさった。（遠流されるとは）思いもしなかった（師賢の）様子は、痛ましいなどとはいまさら言うまでもない。

（師賢）離れてもどうして嘆いたりしようか。帝（＝後醍醐天皇）がお住みにならず、つらい故郷となってしまったこの都を。

（師賢の）北の方は花山院入道右大臣家定の御娘である。彼女とのあいだにも、また他の女性とのあいだにも、お子様が大勢いるけれど、その方々までは流されない。北の方がたいそう嘆き悲しんでいらっしゃる様子（を想像すると）、気の毒で悲しいけれど、（幕府は北の方との）最後の対面さえ許可しないので、（師賢は）つらい気持ちを晴らすすべもなく悔しくて、さまざまに思いめぐらさずにはいられなくて、ひどくみっともない。

（師賢）もうこの世では会えない別れの時になって、来世でなくていつ再会をあてにできようか、いやできはしない。

源中納言具行も、同じころ鎌倉へ護送する。（幕府に捕らえられた）大勢の（公家の）中で、（具行の罪が）とりわけ重いだろうとうわさされるのは、通常とは異なる処罰（＝死罪）を受けるのであろうか。

宮中にお仕えした勾当の内侍は、つねすけの三位の娘であった。かつて帝（＝後醍醐天皇）が寵愛なさって、（勾当の内侍は）姫宮などもお産み申し上げたのだが、その後この中納言がまだ身分が低かった時から、（勾当の内侍を妻にめとることを帝が）お許しになったので、この何年もの間この上ない伴侶として愛し合って過ごしていたのに、こうして何かにつけて、嘆かわしい世の中を、（勾当の内侍は）平常な心で（いられようか、いやいられはしないだろう）。

（勾当の内侍は）日増しに嘆きに沈みながらも、（具行が）同じ都にいると聞くあいだは、吹き通う風の便りにも、そうはいってもやはり（具行の様子を）尋ねて心を慰めることもあったのに、結局はそうなるはずのこと（＝夫具行も流罪になるに違いない）とは、他の公家の身の上を見たり聞いたりするにつけても、覚悟していたものの、やはり今はいよいよ（鎌倉へ護送される）と聞く気持ちは、たとえようもなく（つらい）。この春、帝が都を離れなさったときに、ひどく泣き尽くしてしまったと思った涙も、実際残っていたのだなあと、今いっそう（涙があふれて）我が身も流れ出してしまいそうに思われる。

二〇一〇年度　理系　三

出典　『女郎花物語』〈中〉

解答

問一

（1）どんなつてを使ってでも筑紫にいる夫の様子を聞きたい

（2）都にいる妻子が貧しい暮らしに耐えている様子が自然と想像されて心が痛むということなどを、夫が書きつづって

（3）九州特産の絹織物その他の品々がもし本当にあるならば、こうして書いた通り送ってやりたい

（4）どうして何事につけ夫の思い通りになることがおありになろうか、いやそのはずもない

問二

私たちに深い愛情を抱いておられるあなたから届いた手紙に書いてあったうそは、どんな人の真実の言葉よりもうれしいことですよ。

解説

問一

（1）「いかなる」は〝どのような〟。「便り」はここは〝つて・手づる〟の意。「にて」は手段・方法を表す格助詞。「男」は筑紫にいる夫のこと。「べき（べし）」は意志の助動詞。

解答ポイント

①「便り」の適切な訳。②「べき」の意味。

(2)「在京」は妻子が都に住んでいることをいう。「堪忍（＝耐え忍ぶこと）」は、前に「家貧しけれども」とあるから、「貧乏を耐え忍ぶこと」などと具体化する。「おもひやら（おもひやる）」は〝思いを馳せる・想像する〟の意。「れ（る）」は自発の助動詞で、〝自然と〜する・つい〜する・〜せずにはいられない〟の意。「心ぐるし」は〝心が痛む・気の毒だ〟。「よし」は〝〜ということ・〜の趣旨〟の意で、間接話法を結ぶ。

解答ポイント

①「在京の堪忍」の具体化。②「心ぐるし」の訳。

(3)「あらば」はラ変動詞「あり」の未然形＋順接仮定条件の接続助詞「ば」の形で、〝もしあるならば〟の意だが、その主語を具体化する。「かく」も「こうして書いた通り」などと具体化する。「やら（やる）」は〝送る〟。「まほしけれ」は希望の助動詞「まほし」の已然形。なお「あらばかくこそ　やらまほしけれ」と和歌の下の句になっている。

解答ポイント

①「あらば」の主語の具体化。②「まほしけれ」の訳。

(4)「いかで」は反語の副詞。「よろづ」は〝万事・何事も〟。「御こころ」は夫の心。「こころにかなふ」で〝思い通りになる〟の意になる。「おはす」は「あり」の尊敬語。「べき（べし）」は推量の助動詞。

解答ポイント

①反語の副詞「いかで」の訳。②「こころにかなふ」の訳。

問二

和歌は短い詩型の中に内容が凝縮してあるので、「現代語訳」とあっても、逐語訳ではなく、かみ砕いたり言葉を補ったりして訳す必要がある。「こころざし」は〝愛情〟の意。「かた」は「方」で、ここは夫を指す。「より」は起点を表す格助詞。「いつはり」は〝うそ〟。「たがまこと」は「誰が真」で、〝誰の真実（の言葉）〟の意。「より」は比較を表す格助詞。「けり」は詠嘆の助動詞。〝〜なあ・〜ことよ〟。全体を直訳すると、〝愛情のあるあなたからのうそは、誰の真実よりもうれしいことですよ〟となるが、特に「あなたからのうそ」と「誰の真実」は訳として不自然・不適当なので、本文の内容をふまえて適宜言葉を補う。

解答ポイント

①「こころざしあるかた」の具体化した訳。②「たがまこと」の具体化した訳。③「けり」の訳。

通釈

近頃のことであろうか、筑紫（＝九州全体）の統括の任にあたった探題の長官であった人が、時世が移り変わって、（探題の長官だった）昔とは違い落ちぶれてしまったので、知り合いだった友人で、現在探題の長官を務めている人を頼って、筑紫へ下りましたが、都に残しておいた妻は、家が貧しいけれども、利口な人で、あれこれやりくりし、子どもたちを育てておりましたが、どんなつてを使ってでも（筑紫にいる）夫の様子を聞きたいと、朝な夕な待ちわびていた折しも、筑紫から（夫が）手紙を寄越したので、喜んでこの手紙を見ると、都にいる妻子が（貧しい暮らしに）耐えている様子が自然と想像されて心が痛むということなどを（夫が）書きつづって、九州特産の絹織物を数多く、その他にもいろいろな物を、大量に都へ送るということが書き連ねてあったので、（妻は）たいそううれしくて、さらに読み進めるその終わりに、（九州特産の絹織物その他の品々が）もし本当にあるならば、こうして（書いた通り）送ってやりたいと、（和歌の下の句仕立てにして）冗談を書いています。女はこの手紙を顔に押し当てて、泣き泣き思うには、（夫は）本当にこの品々が実際にあるならば、さぞかし都へ送りたいと思いなさったのでしょうが、ご自身でさえ人を頼って都を下りなさるほどの（厳しい）ご境遇なので、どうして何事につけ（夫の）思い通りになることがおありになろうか、いやそのはずもないと、推測すると、しみじみと気の毒で悲しくて、涙を浮かべながら返事を書いたその終わりに、

私たちに深い愛情を抱いておられるあなたから届いた手紙に書いてあったうそは、どんな人の真実の言葉よりもうれしいことですよ。

と詠んで、（貧しいなりに）子どもたちも何とか育てておりますということを穏やかに書いて（夫に）送りましたという。

二〇〇九年度　文系　三

出典　鴨長明『発心集』〈第六　五　西行が女子、出家の事〉

解答

問一　西行の娘が幸運にも高貴な男と結婚できたとしても、世の中ははかなく、男の心も当てにならないから、心穏やかに暮らすことはできないだろうということ。

問二　お父様が取り計らってくださることに、私がどうして背き申し上げましょうか、決して背きはいたしません。

問三　ついこのあいだ洗ったのに。おかしいわねえ。

問四　娘は西行の指示に従い出家するために乳母の家に出かけた。事情を知らない冷泉殿は娘が帰らないので心配になり、乳母に問い合わせた。乳母は適当にごまかしたが、何日か経つと、冷泉殿も娘が出家したことをはっきりと知った。

問五　我が子同然に養育した西行の娘が薄情にも自分に黙って出家してしまったのは恨めしいかぎりだが、最後の別れを心細く思ったのか、自分の顔をじっと見つめて出て行ったのは少しばかりいじらしいという気持ち。

解説

問一

口語訳の設問ではないので、傍線部が含意する内容を掘り下げて説明する。「めでたき幸ひ（＝すばらしい幸運）」とは高貴な男と結婚することをいう。「世の中の仮なる様」はこの世が仮初めのはかないものであることをいうが、「世の中」に〝男女の仲〟の意もこめられている。「心やすし」は〝安心だ〟の意で、これが「なかんめる」と否定される。たとえ幸せな結婚ができたとしても、愛情はいつまでも続くとはかぎらず、心も穏やかではいられないということ。むしろ尼になった方が心は平安だと西行は出家を勧めている。

解答ポイント　①「幸ひ」＝幸福な結婚。②はかない世の中＝男の心変わり。③平安な生活が送れない。

問二

前半の主語は西行。後半の主語は娘。設問に従い明示する。「はからふ」は〝取り計らう・とりしきる〟。「給はす」は尊敬の補助動詞。「給はせん」の「ん」は婉曲の助動詞。「いかでか」は反語の副詞。「たがふ」は〝背く・逆らう〟。「奉らん」は謙譲の補助動詞「奉る」の未然形＋意志の助動詞「ん」の連体形。

解答ポイント　①前半と後半の主語の明示。②反語形の訳出。

問三

「ちかう（近う）」は〝最近・ついこのあいだ〟。「たる（たり）」は完了の助動詞。「ものを」は逆接の接続助詞。〝～なのに〟などと訳す。「けしからず」は形容詞「けし」の未然形＋打消の助動詞「ず」の連語で、〝奇妙だ〟の意。「や」は詠嘆の間投助詞（終助詞）。

解答ポイント
①「ものを」の逆接の訳。②「けしからず」の的確な訳。

問四
「久しく帰らねば」は、乳母の家に出かけた娘がいつまでも帰らないということ。「おぼつかなくて尋ねける」は、冷泉殿が心配して乳母に娘のことを問い合わせたということ。「しばしはとかくいひやりけれ」は、事情を知る乳母が冷泉殿への返事を適当にごまかしたということ。「かくれなく聞こえぬ」とは、娘が出家したことが冷泉殿にもはっきりと漏れ聞こえてしまったということ。設問に「経緯がわかるように」とあるので、娘が西行の指示に従い、出家するために乳母の家に出かけたところから説明を始めるのが適当。

解答ポイント
①娘が乳母の家に行ったいきさつ。②冷泉殿の行動と、乳母の反応。③冷泉殿が娘の出家を知る。

問五
「恨めしき」と「いささかあはれなる」それぞれの心情を説明する。前者については「五つよりひとへに……恨み泣かれける」の部分が手がかりになる。我が子同然に養育したのに無断で出家されてしまった無念さを説明する。後者については「但しすこし罪許さるる事とては……我が顔をつくづくとまもりて出でにし」の部分が手がかりになる。西行の娘が事情を言えないながらも冷泉殿の顔をじっと見つめて立ち去ったことを、「あはれなる（＝いじらしい・いとおしい）」と思っていることを説明する。

解答ポイント
①恨めしい＝西行の娘を我が子同然に養育した＋娘が薄情にも黙って出家した。②いじらしい＝娘が冷泉殿の顔をじっと見つめて立ち去った。

通釈

（娘の）暮らしぶりなどを聞いて（西行が）娘に言うことには、「そなたが生まれたときから、心して育てたことには、大人になったときは、天皇のお后にも（女官として）差し上げ、もしくはしかるべき宮様の所へでも出仕させようと思っていたのに。（ところが）このような二流の出仕先で下働きをさせていると漏れ聞こうとは、夢にも思い寄らなかった。たとえ、（高貴な男と結婚するという）すばらしい幸運があったとしても、世の中はかりそめのもの、いずれにせよ心穏やかなこともないだろうから、尼になって（出家した実の）母のそばにいて、仏に仕えて、奥ゆかしく暮らしてほしいと思うのだ」と言う。（娘は）やや長い間思案して、「承知しました。（父上が）取り計らってくださることに、どうして背き申し上げましょうか。それでは、（出家する日を）いつと決めてください。その日にどこへなりと参上して落ち合いましょう」と言う。（西行は）「若いのに殊勝な心がけだなあ」と繰り返し喜んで、これこれ、この日に乳母の家で落ち合うべきことをしっかりと取り決め約束して帰った。

このこと（＝娘が出家すること）を、他に知る人もいないので、誰も思いも寄らないうちに、（出家の日が）明日ということになって、（娘は）「この髪を洗いたい」と言う。冷泉殿が聞いて、「ついこのあいだ洗ったのに。おかしいわねえ」などとおっしゃったところ、（娘が）ただもう一途に言うので、（冷泉殿は）「寺社参りにでも行くためだ」と思って洗わせた。翌朝に、（娘が）「急いで乳母の家に行かなければならない用事がありますと言うので、（冷泉殿は）牛車など用意して送り出す。今まさに車に乗ろうとした娘が、「しばらく（待っていなさい）」と言って戻ってきて、冷泉殿と向き合って、じっと顔を見つめて、何も言わずに、戻って行った。（そして）車に乗って立ち去った。（冷泉殿は）奇妙に思ったけれど、このようなこと（＝娘の出家）があろうとはどうして気づこうか。こうして、（娘が）長い間帰らないので、（冷泉殿は）心配になって（事情を）尋ねると、（乳母は）しばらくの間はあれこれとごまかして返事をしていたけれど、何日か経つと、（冷泉殿にも）はっきりと漏れ聞こえてしまった。冷泉殿は（娘が）五歳のときからまったく我が子のように育てて、片時もそばから離れることのないほどに慣れ親しませて育て上げるうちに、（娘は）成長するにつれて、性質もしっかりとして、何かにつけてめったにないほど優れているので、（冷泉殿は）とても頼もしく思って過ごしていたのに、このように思いがけなくも長く別れることになってしまったので、（冷泉殿は）「（何も言わずに出家してしまうなんて）恨めしいほどの強情さだよ。武士の血筋を引く者は、女の子まで情けなくてそら恐ろしいものだ」と言い続けて恨んでお泣きになった。「とはいえ少し（娘の）罪が許されることとしては、いよいよ車に乗ろうとしたとき、二度と会うことはできないよと、さすがに心細く思ったのだろう。これといって言うべきこともないのに、しばらく立ち戻って、私の顔をじっと見つめて出て行ったことだけは、恨めしい中にも、少しばかりいじらしいことだ」とおっしゃった。

二〇〇九年度 理系 三

出典 源家長『源家長日記』

解答

問一

（1） 亡き更衣のことを少しもお忘れにならない後鳥羽上皇のご様子

（2） 上皇は涙をこらえることがおできにならなかったのでしょうか

（3） このような死に別れは、無常なこの世のさだめなので、上皇も、日数が経つうちに更衣を失った悲しみも薄れ、すっかりお忘れになるにちがいないようであるのに

問二

寵愛した更衣の死を悼む上皇にとって、彼女の忘れ形見である若宮との対面はうれしいはずなのに、かえって上皇が更衣を思い出してつらい思いを募らせる原因になるということ。

解説

問一

（1） 「つゆ」は打消語（ここでは打消の助動詞「ず」の連体形「ぬ」）と呼応して〝少しも・全く〟の意を表す副詞。「させ給は」は二つの尊敬語「さす」「給ふ」を重ねて、後鳥羽上皇への高い敬意を表した表現。「御気色」は〝ご様子〟。上皇が亡き更衣のことを忘れないということを具体的に訳出する。

解答ポイント

①「つゆ～ぬ」「御気色」の訳出。②「上皇」「更衣」の明示。

(2)「え」は打消語(ここでは「ず」)と呼応して不可能の意を表す副詞。「念ず」は〝我慢する〟。前に「こと忌みせさせ給ふべきを」とあり、「を」は逆接の接続助詞であるから、本来「こと忌み」すべきところを〝我慢できなかった〟ことになる。「や」は疑問の係助詞。「侍り」は丁寧の補助動詞。「けむ」は過去推量の助動詞。主語の「上皇」を明示して訳す。

解答ポイント

①「え～ず」の訳出。②「念ず」の主語と対象の明示。

(3)「別れの道」は〝死に別れ〟の意。「憂き世」は〝無常な(はかない)この世〟。「ならひ」は〝世の常・ならわし・さだめ〟。「思ひ」は更衣を失った悲嘆の情や追慕の情。「忘れはて」の「はつ」は〝すっかり～する〟の意の補助動詞。「させ給ふ」はやはり尊敬語を重ねた表現。「べかめり」は「べかるめり」が「べかんめり」→「べかめり(「ん」の無表記)」と変化した形で、〝～にちがいないようだ・～はずのようだ〟の意。「を」は逆接の接続助詞。「思ひ遠ざかり」以下は、上皇が主語となる(敬語の「させ給ふべかめる」は「思ひ遠ざかり」をも受ける)。月日が経つうちには、上皇も亡き更衣のことをすっかり忘れてしまうはずなのに、という趣旨を訳に明示する。

解答ポイント

①「かかる別れの道」の訳出。②「思ひ遠ざかり」以下の主語と対象の明示。③「べかめるを」の訳出。

問二

「御忘れ形見」は亡き更衣の遺児若宮を指す。「なかなかなり」は〝かえって～だ〟の意。「御もの思ひ」は上皇のつらい思い・悲しみをいう。「催しぐさ」の「くさ」は「種」と書き、〝原因・たね〟の意。「や」は詠嘆の間投助詞（終助詞）。亡き更衣の忘れ形見である若宮も、更衣を思い起こさせるのでかえって上皇のつらい思いを募らせる原因になる。説明に際して、「なかなかなり」が含意する、忘れ形見との対面はうれしいはずなのに、かえって……というニュアンスを明示すること。

解答ポイント　①「御忘れ形見」＝若宮との対面はうれしいはず。②「なかなかなり」の訳出。③上皇のつらい思い。

通釈

年月が経つのに伴って、（亡き更衣のことを）少しもお忘れにならない（後鳥羽上皇の）ご様子が、時々ふと外に表れなさるのは、明らかにつらそうにお見えになる。（水無瀬の離宮から）京へお帰りなさって後に、（亡き更衣の忘れ形見である）若宮が（上皇の御所に）参上なさったことを、（上皇は）「（亡き更衣の）忘れ形見もかえってつらい思いを募らせる原因であることよ」と、お思いなさるであろう。（若宮が参上した）今日は特に不吉な言行や涙を慎みなさるべきなのに、何かにつけてさびしい世の中のことを思うと、（上皇は涙を）こらえることがおできにならなかったのでしょうか。若宮が参上なさるなどと聞きました日は、無邪気な若い女房たちまで、「（上皇は亡き更衣のことを）今ごろどんなに悲しく思い出していらっしゃることだろう」とおうわさし合って、心が沈んでいるようです。ましてや、（上皇と若宮の対面の場に伺候していて）一緒に拝見したであろう女房たちなどには、（上皇の様子は）さぞかしお気の毒に思われなさったであろう。（愛する人との）このような死に別れは、無常なこの世のさだめなので、（上皇も）日数が経つうちに（更衣を失った）悲しみも薄れ、すっかりお忘れになるにちがいないようであるのに、折につけて開かれる管絃のお遊びの合間にも、「年月が経つのに伴って（更衣のことがますます）忘れがたい」などと、御談話の折にお聞きすることがございました。

二〇〇八年度　文系　三

出典　『石清水物語』〈上巻〉

解答

問一

（1）母上がこの世に生きていらっしゃらないのは自分の力ではどうしようもないことであろうが、父上とは同じこの世に生きながら、お姿さえ一目も拝見できないのはつらいことよ。

（2）大臣が実際に姫君を拝見なさったら、いい加減に扱おうとはお思いになるはずがないほど美しく成長なさったお姿

（3）尼君がすっかり田舎に埋もれてからは、都の人とのつながりも途絶えて、大臣に姫君のことをお知らせするのに適当な縁故もなく

問二

（イ）父親に会えない悲しみを尼君の前では顔に出さず、平静をよそおっている様子。

（ロ）尼君が自分の極楽往生のための勤行を後回しにしてまでも深い愛情を注いで養育してくれているのに、父親に会えないからといって悲しみに沈んでばかりいては、愛情の注ぎがいがないと思われそうで、尼君に申し訳ないから。

解説

問一

（1） 直訳すると、〝この世に生きていらっしゃらないのはどうしようもないことだろうが、同じ世に生きながら、姿さえ一目拝見しないことよ〟となる。「おはせ（おはす）」は「あり」の尊敬語で、主語は「姫君を産んで間もなく死去し」た母親で、父親ではない。父親は生きているので、もし父親が主語なら、「この世におはせずは力なきことならまし」などと反実仮想の文になるところ。「こそ〜め」（「め」は推量の助動詞「む」の已然形）は係り結びが終結しないで下に続く、強調逆接の形。「おなじ世ながら」は〝父と同じこの世に生きていながら〟の意。「影」は〝父の姿〟。「だに」は類推（〜さえ）の用法で、これを「ぬ（ず）」が受ける。「だに」の最小限の限定（せめて〜だけでも）の用法は一般に願望・仮定の表現を下に伴うので、ここはとらない。「見たてまつる」は父を拝見するということ。文末に「つらいことよ・無念さよ」などと補うとよい。

解答ポイント

①「おはせぬ」の主語。②「こそ〜め」の強調逆接用法。③「見たてまつらぬ」の対象。

（2） 直訳すると、〝見申し上げなさったら、いい加減にお思いになるはずのないご様子〟となる。「見たてまつりたまひ」「おぼすまじき」の主語は「大臣」。「ては」（接続助詞「て」＋係助詞「は」）は仮定を表す。「おろかに（おろかなり）」は〝いい加減だ・疎略だ〟の意。実の娘だと名乗り出た姫君を疎略に扱ったりしないということ。「まじき（まじ）」は打消当然（〜はずがない）の意。「御様」は姫君の美しく成長した様子をいう。

解答ポイント

①全体の主語。②「ては」「まじき」の正確な訳出。③「おろかに」の具体化。④「御様」の具体化。

（3）直訳すると、〝すっかり田舎に埋もれた後は、都との行き来も絶えて、適当な縁故もなく〟となる。「すべて」は〝すっかり・なにもかも〟。「しづむ」は〝落ちぶれる・埋もれる〟。「跡絶ゆ」は〝行き来が途絶える〟の意で、ここは特に都の人とのつながりが絶えることをいう。「さるべき」は〝適当な〟、「ゆかり」は〝縁故・つて〟の意で、大臣に姫君のことを知らせるのに適当な縁者のことをいう。

解答ポイント

①「しづみ」「跡絶え」の訳出。②「さるべきゆかり」の具体的な訳出。

問二

（イ）「さらぬ顔」は〝何気ない様子〟。「もてなす」は〝振る舞う〟の意。父親に会えず「しほれがち（＝しょんぼりしがち）」になりそうなのを、自分のために尽くしてくれる尼君の手前、平静さをよそおうのである。

解答ポイント

①尼君の前で平静をよそおう様子。②父親に会えない悲しみ。

（ロ）直前の「さばかりかなしきものに……思はれんとおぼせば」の部分が理由となる。「尼君に申し訳ない」という気持ちを核にして、この部分の事情を説明する。

解答ポイント

①尼君が姫君に尽くす様子。②尼君が姫君に落胆するのではという不安。③尼君に申し訳ない気持ち。

通釈

木幡の里では、（姫君）「どうやってそのようなことがある（＝自分が左大臣の実の娘である）とも知っていただこうかしら。どうしてこうして人間の姿で生まれながら、親という人を一人でさえ、夢の中でも見知らぬ身の上となってしまったのだろうか。普通は（親が）一人欠けてしまうのでさえ、悲しみ深いことと今も昔も言い習わしているようなのに、まるで空から落ちてきた者のように（両親の顔も知らず）世を過ごすわが身の宿縁が情けなく、（母上が）この世に生きていらっしゃらないのは自分の力ではどうしようもないことであろうが、（父上とは）同じこの世に生きながら、お姿さえ一目も拝見できないのはつらいことよ。いったいどれほどの前世の報いによって、世間の人とは異なるわが身の（不幸な）有様なのだろうか」と絶えず思って、しょんぼりとなりがちに年月を送りなさるけれど、（一方では）あれほどいとおしい者と尼君が思って養育して、朝夕、自分の死後の極楽往生のための勤行も後回しにして、配慮のいたらぬところなく愛情を注ぎ尽くしてくれるようなので、（悲しみに沈んでばかりいては）いとおしく思って育てているかいがないと（尼君に）思われるだろうとお思いになるので、さりげなく振る舞って日々を過ごしなさる。

（姫君が）どこもかしこも成長して容姿が整って、この上ない娘盛りでいらっしゃるのを（尼君は）拝見するにつけて、「（姫君を）どのようにお世話申し上げたらよいのだろうか。どうやって大臣にお知らせ申し上げようか。（大臣は）そんなこと（＝姫君の母親と男女の契りを結んだこと）があったということくらいは思い出しなさるだろうが、（大臣が実際に姫君を）拝見なさったら、いい加減に（扱おうとは）お思いになるはずがない（ほど美しく成長なさった）お姿だし、（奥方である）宮のお産みになられたお子様にも姫君はいらっしゃらないそうなので、こうとお知らせ申し上げたなら、いくらなんでも（我が子として）人並みに扱ってくださるであろう。どんな手づるでもあればなあ」と思案するけれど、すっかり田舎に埋もれてからは、都の人とのつながりも途絶えて、（大臣に姫君のことをお知らせするのに）適当な縁故もなく、そうかといって何の拠り所もなくてはどんなものかなどとあれこれ思い悩んで、仏や神にもこのこと（＝大臣と姫君の対面）ばかりを祈願申し上げた。

二〇〇八年度　理系　三

出典　『唐物語』〈第十二　夫を恋慕せる女、死して石と化する語〉

解答

問一　女は悲しみに泣き沈んで、生きた心地もなく思われていたところ

問二　もっともなことであるよ。将来のことまで深く誓い合った夫婦のきずなが固いので、女の亡骸はついに硬い石となってしまったのだなあ。

問三　いちずに亡き夫への貞操を守り通そうと決意する心が石と化した女にあったという、世にもまれな殊勝さも、現在の人には似ていないのだった。

解説

問一　主語は女。「涙にしづむ」は〝悲しみに泣き沈む〟。「あるにもあらず」は〝生きている心地もしない〟の意の慣用句。夫に先立たれて戸惑う女の心境をいう。「おぼゆ」は〝思われる・感じる〟。「を」は単純接続を表す接続助詞。〝～が・～ところ〟と訳す。

解答ポイント

「あるにもあらず」の訳出。

問二

「ことわりや」で切れる初句切れの和歌。「ことわり」は形容動詞「ことわりなり（＝もっともだ・道理だ）」の語幹で、詠嘆の間投助詞（終助詞）「や」がついた形。第二句以下について述べた表現。「契る」は〝愛を誓う〟。第一段落の「よろづ行く末のことまで浅からず契りつつ」をふまえた表現。「将来のことまで深く誓い合った夫婦のきずなが固いので」くらいに具体化する。「石となりにける」の主語である「女の亡骸」を明示する。また「かたけれ」と「石」が縁語になる点をふまえて、「硬い石」と訳すとよい。「かな」は詠嘆の終助詞。

解答ポイント

①「ことわりや」での句切れ。②「契りしこと」の具体化。③「石となりにける」の主語の明示。④契りの固さ→石の硬さという因果関係。

問三

まず傍線部（3）が作者の評言である点をおさえる（具体的な説話を記した後に作者が批評を述べるのは、説話の一つのパターン）。「ひとすぢに」は〝いちずに・ひたすら〟。「思ひとる」は〝決心する・覚悟を決める〟。「心」の主は女。女が夫の死後も再婚しなかったという内容から、「女が亡夫への貞操を守り通そうと決心した」、「亡き夫への愛を貫こうと覚悟を決めた」などと具体化する。二カ所の「けむ」は共に直後の名詞を修飾するから、伝聞の過去の用法で〝～たという・～たとかいう〟の意。ただし二度訳すとおかしな現代語になる。原文に忠実に訳すのは大切なことだが、現代語の自然さを失っては元も子もない。ここは下の「けむ」のみを訳せばよい。「ありがたさ」は形容詞「ありがたし」の名詞化で、ここは単に〝めったにない〟ではなく、〝めったにないほど素晴らしい〟の意になる。「この世」は〝今の時代〟。

解答ポイント

①「思ひとりけむ」の具体化。②「ありがたし」の正確な訳出。③現代語としての自然さ。

通釈

昔、ある男女が結婚して一緒に暮らしていた。年齢なども盛りのころで、万事将来のことまで深く誓いながら過ごしていたのに、この夫が、思いがけず亡くなってしまった。その後、（女は）悲しみに泣き沈んで、生きた心地もなく思われていたところ、我も我もと熱心に求婚する男たちがいたけれども、決して承知しなかった。（女は）男たちの求愛の言葉を聞くにつけても、亡き夫の面影ばかりを心にかけて束の間も忘れるときがなくて、ついに亡くなったのだった。その亡骸は石になってしまった。

もっともなことであるよ。将来のことまで深く誓い合った夫婦のきずなが固いので、女の亡骸はついに硬い石となってしまったのだなあ。

この石をその村里の人々は「望夫石」と呼んだという。

いちずに（亡き夫への貞操を守り通そうと）決意する心が（石と化した女に）あったという、世にもまれな殊勝さも、現在の人には似ていないのだった。

二〇〇七年度　文系　三

出典　『冷泉家和歌秘々口伝』

解答

問一
だいたい歌のおもむきというものは自分の心を素直に表現すれば容易に習得してしまえるものなのに、人はみな心の中で、他の所から、遠く探し求めなければならないように考えるので、その習得が困難なのだ。

問二
（2）人が心に思うことを口に出して言うのは難しいはずがあろうか、いやそんなはずはない。
（3）人は心に思うことが多いので、それを表現する言葉も多く言い連ねるようになった。
（4）この全体で三十一字で句が五七五七七という配置は耳に心地よいとして、歌の形式は今でもそれに倣っている。

問三
「播磨なる明石の浦」ではなく「ほのぼのと明石の浦」と表現することで、「明石」に「明かし」が重ねられて「ほのぼのと明るい明石の浦」という意味になり、掛詞を用いた技巧的で面白い歌になるということ。

問四
技巧を凝らして飾った歌がある一方で、歌の本来の形を保ち、心に感じるありのままを素直に表現した歌もあるという意味。

解説

問一

設問の「人々の考え方が歌の姿（おもむき）を得難くさせている」をヒントに、「本当は簡単なのに、人が〜だから、難しいのだ」という文の構成を把握する。「おほかた」は〝だいたい・そもそも〟。「やすく」は〝容易に〟。「たる（たり）」は完了の助動詞。さらに、前文の俊成と定家の言葉を根拠として、歌の姿は容易に習得できると主張しているので、その点も訳に含めるとよい。「を」は逆接の接続助詞。「人ごと」の「ごと」は〝どの〜も〟の意の接尾語。「大事なり」は〝難しい〟。なお、歌の「姿」とは、〝言葉の調べが意味と密接に結びついて詠み出された一首全体から感じられるリズム・歌の格調〟をいう。

解答ポイント

①心に思ったことを素直に表現するのが歌だという俊成・定家の考え。②歌の姿は遠く探し求めるべきものだという人々の誤解。③「おほかた」「大事なり」の訳出。

問二

（2）「そ」は「人」を指す。「かたかる（かたし）」は〝難しい〟。「べし」は当然の助動詞。「や」は反語の係助詞（終助詞）。

解答ポイント

「かたかるべしや」の正確な訳出。

（3）「ば」は順接の確定条件を表す接続助詞。〝〜ので〟と理由に訳すのがよいだろう。「言ひつらぬ」は〝言い連ねる〟。イザナキとイザナミの二神が「あなにえや」と言い出した後、人も思いを述べるようになったという文脈であるから、主語の「人」を補う。また「心」と「言葉」の密接な関係を表すために、「心を表現する言葉」などと補うとよいだろう。

解答ポイント

①主語の補足。②「言ひつらねき」の訳出。

（4）「この文字数くばり」は「三十一字に定め、句を五七五七七に定めけること」を指している。要するに短歌のリズムである。「聞きよし」は〝聞きやすい・聞いて心地よい〟。「学ぶ」は〝まねる〟。「り」は存続の助動詞。「それに倣っている」「踏襲している」などと訳すとよい。

解答ポイント

①「文字数くばり」の具体化。②「聞きよし」の訳出。③「学べり」の訳出。

問三

「例へば」は前文の「曲を詠みそへて歌のかざりとしたるなり」をいう。「ほのぼのと明石の浦」が技巧を用いて面白みを出した句だということ。それを、「明石」に冠する言葉である「播磨なる」と「ほのぼのと」の違いとして説明している。前者なら単に〝播磨にある明石〟という意味にすぎないが、後者は「明石」に「明かし（＝明るい）」の意味が重ねられて、〝ほのぼのと明るい明石〟という掛詞を用いた技巧的な意味になるというもの。「言の花のにほひ（＝色美しさ）」とは飾った言葉を花の美しさにたとえた表現。

解答ポイント

①「播磨なる」と「ほのぼのと」の違い。②掛詞の説明。③技巧的な面白さの指摘。

問四

「人の化粧したる」は「曲を詠みそへて歌のかざりとしたる（歌）」を、「ただがほ（＝素顔）なる」は「飾らずありのままによめる（歌）」をそれぞれたとえている。技巧を凝らして飾った面白い歌と、心情を素直に詠んだ歌との対比であるが、筆者が後者を重視していることは、引用された俊成・定家の言葉や、第二段落の

「歌の本体とは……本とせり」から明らかである。よって和歌の二つのタイプを単に対比して示すだけでなく、筆者の真意をくみ取った説明を行わなければならない。

解答ポイント

①「人の化粧したる」＝技巧を凝らした面白い歌。②「ただがほなる」＝心情を素直に詠んだ歌。③歌の原点。

通釈

俊成卿は、歌とは万事につけて、自分の心に思ったことを言葉にして言い出すものをいうとおっしゃり、定家卿は和歌に師匠はいない、（自分の）心を師匠とするのだとおっしゃった。だいたい歌のおもむきというものは（自分の心を素直に表現すれば）容易に習得してしまうものなのに、人はみな心の中で、他の所から、遠く探し求めなければならないように考えるので、（その習得が）困難なのである。

この道は、神代から始まって、わが国の風習となった。人として生まれた者で、心を持たず、言葉を話さない者はいるはずがない。したがって、人が心に思うことを口に出して言うのは難しいはずがあろうか、いやそんなはずはない。例えば、ああ寒いなあと思い、小袖を着たい、火に当たりたいと言い出す、これがそのまま歌である。歌の始まりは、（イザナキとイザナミの二神が）「あなにえや」と言い出しなさった、これが（最初の）歌である。その後、（人は）心に思うことが多いので、（それを表現する）言葉も多く言い連ねるようになった。（それを）三十一字に定め、句を五七五七七に定めたことは、「八雲たつ出雲八重垣」の歌以来、三十一字と、その五七五七七への配置は耳に心地よいとして、今でもそれに倣っている。だから歌の本質とは、ありのままのことを飾らず言い出すのを本来としている。

ところが万葉時代の末ごろから、おもしろみを加えて詠んで歌の飾りとしたのである。例えば「ほのぼのと明石の浦」と詠んだようにである。単に明石に五文字を冠しようというのなら、「播磨なる」（「播磨なる明石」＝播磨にある明石）と置けばよいのに、（「明石」に「明かし」を掛けて）ほのぼのと明るい（明石）などと詠むのを、言葉の華やかな美しさとしているのである。（しかし）その時代（＝万葉時代の末）にも（言葉を）飾らず（心を）ありのままに詠んだ歌もある。人が化粧したのと、素顔であるのとの（違いの）ようなものである。

二〇〇七年度　理系　三

出典　『長谷雄草子』

解答

問一

（1）世間で重んじられた人である。

（2）私と双六を打てる相手はたぶんあなたしかいらっしゃらないだろう

（3）ここではきっと具合が悪いでしょう。

（4）とうてい昇れそうにも思われないが

問二

男の正体が鬼であれ、ともかく双六に勝ちさえすれば、相手は鼠と同じように小さく取るに足りない存在になり、怖くなどないという意味。

解説

問一

（1）「重くす」は〝重んじる・重用する〟。「られ（らる）」は受身、「し（き）」は過去の助動詞。

（2）「そ」は「双六」を指す。「敵」は〝（競争）相手〟。「ばかり」は限定の副助詞。「おはせ（おはす）」は「あり」の尊敬語。「め（む）」は推量の助動詞。〝双六の相手はおそらくあなただけがいらっしゃるだろう〟

と直訳できるが、「私と双六を打てる相手はたぶんあなたしかいらっしゃらないだろう」などと、自然な現代語に直す。

(3)「これ」は近い場所を指す。〝ここ〟の意。「悪しく（悪し）」は〝不都合だ〟。「侍り」は丁寧の補助動詞。「ぬ」は強意、「べし」は推量の助動詞。

(4)「いかにも」は下に打消語を伴い〝どうしても・まったく〟の意。「ぬ」は強意、「べく（べし）」は可能、「ね（ず）」は打消の助動詞。

解答ポイント
①助動詞の正確な訳出。②自然な現代語。

問二

「さもあれ」は〝ともかくも・ままよ〟。「だに」は限定の副助詞で、〝〜さえ〟の意。「な（ぬ）」は完了の助動詞。「彼」は鬼の正体を現した男を指す。「鼠にてこそあらめ」は〝鼠であるだろう〟と直訳される。そこで傍線部の前後をみると、「『恐ろし』とは思ひけれども」、「念じて（＝がまんして）打ちける」とあることから、「鼠であるだろう」とは〝鼠と同じで、怖くなどない〟というほどの意であると理解できる。

解答ポイント
①男の正体が鬼であること。②双六に勝ちさえすれば、鬼を恐れることはないということ。

通釈

中納言長谷雄卿は、（儒家・道家・陰陽家など）九つの学派を修め、技芸百科に通じて、世間で重んじられた人である。ある日の夕方に、宮中へ参内しようとなさったとき、見知らぬ男で、目つきが賢そうで普通の人間とも思われない者が、やって来て言うことには、「退屈でございますので、双六を打ちたいと思いますが、私と双六を打てる相手はたぶんあなたしかいらっしゃらないだろう、と思いついて、参上したのです」と言うので、中納言は不思議に思いながらも、相手になってやろうと思う気持ちが強くて、「まことに面白そうなことだ。どこで（双六を）打つのがよかろう」と言うと、（男は）「ここではきっと具合が悪いでしょう。私の住まいにお出でください」と言うので、「もちろん」と言って、乗り物にも乗らず従者も連れず、ただ一人で男の後について行くと、朱雀門の下に着いた。「この門の上へお昇りください」と言う。とうてい昇れそうにも思われないが、男の手助けによってたやすく昇った。（男は）すぐに盤・道具を取り出し（中納言を）迎え入れて、「何を賭け物にしましょうか。私が負け申したら、あなたのお心にかなって顔だちも姿も気だても申し分なくお思いになるであろう女を差し上げましょう。（反対に）あなたがお負けになったら、どうなさいますか」と言うので、（中納言は）「私は、自分が持っているすべての財宝を、そっくり差し上げよう」と言うと、（男は）「いいでしょう」と言って（双六を）打つと、中納言がひたすら勝ち続けたので、男は、しばらくの間こそは普通の人間の姿であったが、負けるにつれてさいころを掻きむしり気を揉むうちに、本来の姿が現れて、恐ろしそうな鬼の形になってしまった。（中納言は）「恐ろしい」とは思ったけれども、「ええままよ、勝ちさえしたならば、男は鼠（と同じように小さく取るに足りない存在）であろう」と我慢して打ったところ、とうとう中納言が最終的に勝ったのだった。

二〇〇六年度 三

出典　正親町町子『松蔭日記』

解答

問一

将軍の慶事を取り仕切る忙しさのために山荘へ花見に行けない今年に限って、あいにくなことに例年よりも見事に咲き出した桜の花のすばらしい色の濃さであるよ。山荘から届けられた一枝、二枝でさえこんなに美しいのだから、まして桜の木の下はどんなにすばらしいことだろう。

問二

花を散らす風を遮るために桜の木をおおってしまうほどの大きな袖が大空にあったらいいけれど、そんなものは手に入れられるはずもなく、耐えがたいことだと吉保様はお嘆きになる。

問三

春の終わりの旧暦三月末日

問四

山荘の桜の花は、来る前に予想していたよりもいっそう花盛りであるとはいっても、

問五

吉保の、今年は忙しくていったんは断念しかけた山荘の花見をどうしてもあきらめきれず、やっと時間を作って山荘を訪れたかいがあって、散りがたの桜を見ることができてとても満足する気持ち。

問六
まだ散らずに残っている花があるといっても、もしも春の終わりの今日見に来なかったならば、この桜の下は明日には春の名残もない夏の木の下となっていることだろうよ。

解説

問一
「あやにくにも」は〝あいにくにも〟の意にとってよいが、なぜ「あいにく」なのかを、直前の「ことしは……難かんなるを」をふまえて具体的に説明する。「咲き出」は〝咲き出す・咲き始める〟。「たる（たり）」は存続の助動詞。「色こさ」は桜の花の色が濃い（深い）ということ。
副詞「まして」は〝Aでさえ〜なのだから、ましてBはなおさら〜だ〟の抑揚形を作る。この〝Aでさえ〜なのだから〟という部分を補わなければならない。Aは「一えだ、ふたえだ」をいい、Bは「このもと（木の下）」をいう。また「〜」の部分は、「めでたく咲きにたりや」に着眼して、〝見事だ・すばらしい・美しい〟といった言葉を補う。従って「いかに」の後に「めでたからむ」を補って訳すことになる。

解答ポイント
①「あやにく」の訳とその具体的な事情。②「一えだ、ふたえだ」→「まして」→「このもと」というつながり。③「いかに」の後の省略語句を補う。

問二
「大空に」の歌意は〝大空に桜の木を覆うほどに大きな袖があったらいいのになあ。春に咲く桜の花を風に任せて散らしたくないものだ〟というもの。これをふまえて、「おほふ」の対象およびその理由を明らかにして訳す。

「ばかり」は程度の副助詞。「え」は打消語と呼応して不可能の意を作る副詞。「まじう（まじ）」は打消当然または不可能の意。「わりなき（わりなし）」はここは〝耐えがたい・つらい〟の意。「せ（す）」「給ふ」はいずれも尊敬語で、吉保への敬意を表す。主語を補って訳すのが無難である。

解答ポイント

①「おほふ」の対象と理由の説明。②「え得まじう」の正確な訳。③「わりなき」の正確な訳。

問三

「かぎり」は〝終わり〟の意。旧暦では一〜三月が春になるから、三月末日ということになる。

解答ポイント

「旧暦三月末日」と明示する。

問四

〝大部分の梢は、そうはいっても、しだいに散りがたであって〟という前後の文脈から、「さ」は「おもひしよりは猶さかりにて」を指していると判断する。「おもひし」は、「し」が過去の助動詞「き」であるから、山荘に来る前に予想していたよりもという内容である。また「さかりに」はもちろん、桜が盛りであるということ。設問に「意味を記せ」とあるが、「現代語訳せよ」と同じととってよい。

解答ポイント

①「さ」の指示内容。②予想と実際の違いを説明する。

問五

「誰」は尊敬語「おぼし（おぼす）」の敬意の対象である吉保を指す。「どのような気持ち」とは、「かしこうもきたりけり（＝うまい具合に花見にやって来たことよ）」という満足感・達成感である。この気持ちを「文脈に沿って」説明する。

そこで山荘の花見に対する吉保の心情の推移を把握する。まず第一段落に「あはれ……いかがはせん」とあるように、吉保は多忙故に今年の花見を断念している。第二段落に進むと「いかで、さらむいとままち出でなどは」「しづ心なく」とあるように、花見をあきらめきれない気持ちや、落花を惜しむ気持ちが表現されている。そして第三段落で、何とか時間を作って花見に出かけ、散り際の桜を堪能する。

このように本文には花見にかける吉保の執念が事細かく描写されている。説明に際しては以上の事情を順に説明し、最後を「満足感」ないし「達成感」などとまとめるとよいだろう。

解答ポイント

①「かしこうもきたりけり」に表れた満足感・達成感。②花見に来るまでの事情の説明。③山荘の桜が散りがたである様子。

問六

掛詞は「なつ」と「この」。「なつ（夏）」に「無（な）」を掛け、〝夏の木の下〟と〝春の名残も無いだろう〟というように意味が二重化される。「この」に「木の」と「此の」を掛ける。なお「このもと」が掛詞になって「木の下」と「子の許」を掛けることがよくあるが、ここは違う。

他に訳出の上の注意点として、まず「花し」の「し」は強意の副助詞だから、訳に反映させなくてもよい。「ありとも」の「とも」は逆接の仮定条件（たとえ〜であっても）ではなく、逆接の仮定強調（事実〜ではあるが、たとえそうであっても）の用法になる。したがって〝まだ散らない花がたとえあったとしても〟という訳は不正確で（なぜなら、花がすべて散っていることになる）、〝まだ散らない花があるとはいっても〟と訳さなければならない。

次に「けふ」は文脈上〝春の終わりの今日〟などと限定した訳にした方がよい。「みずは」の「ずは」は打消の順接の仮定条件を表す。なお体言止めの和歌であるから、その余情効果を考慮して、文末を〝〜だよ・〜

だなあ〟などとまとめるとよい。

解答ポイント　①掛詞「なつ」「この」の訳出。②助詞の正確な訳。③「けふ」「あす」が春の最後の日と夏の最初の日であること。

通釈

このように、あちらこちらが、お祝いを言い続ける間、（吉保は）いつもよりもお暇がない。お側近い（庭先の）桜は、今が盛りで、（その桜を見るにつけても）春たけなわの四方の（桜の）梢がつい思いやられて、見知らぬ山路（に咲く桜）さえ訪ねてみたいのに、ましてあの山里（＝吉保の山荘）の桜はどうであろうかどうであろうかと、（吉保は）絶えず気にかけていらっしゃる。そこ（＝吉保の山荘）から一枝、二枝折って献上したところ、「ああ、いつもの年よりも見事に咲いたことだなあ。今年は、このようにただもう忙しくて、（山荘に）出向いて（桜を）見るのは難しいようだが、それも仕方がない。あいにくなことに（例年よりも見事に）咲き出した（すばらしい）色の濃さであるよ。（一枝、二枝でさえ美しいのだから）まして木の下はどんなに（すばらしいだろう）」などとおっしゃる。

なんとかして、そのような暇（＝山荘に花見に行く暇）ができるのを待ち受けて（出かけよう）などと、やはりお考えになることが絶えず、夜の間に吹く風も（桜が散るのではないかと）心配になるころ、急に強風がひどく荒々しく吹いた夕方などは、まして心が落ち着かず、（桜を散らす風を防ぐための）「おほふばかりの袖」も手に入れられるはずもなく、耐えがたいことだと（吉保は）お嘆きになる。

日数も過ぎた。お側の桜が、しだいに散ってゆくので、数えてみると春の終わりにもなってしまったのだった。「（これから山へ出かけていっても）『山には春も（なくなってしまったなあ）』、という結果になるとは思うけれども、（このまま山荘の桜が見られなくて）残念ということでは、やはりすませられそうにない」などとおっしゃって、お時間をひねり出して、今日まさに山里にお入りになった。予想していたよりはいっそう花盛りで、（吉保は）今こそ心が落ち着きなさった。いつものように山水の情趣ある所々を、日がな一日めぐり歩きなさる。大部分の梢は、そうはいっても、しだいに散りがたであって、ややもすると無情な風の、思いのままに散っていくようなので、うまい具合に（花見に）やって来たものよと（吉保は）お考えになったにちがいない。（私は）心に浮かんだままに（次のような歌を詠んだ）、

まだ散らない桜の花があるといっても、もしも今日見なかったならば、明日には春の名残もない夏の木の下となっていることだろう。

二〇〇五年度　三

出典　上田秋成『藤簍冊子』〈五　旌孝記《しやうかうき》〉

解答

問一

兄はだんだん年老いてゆくにつれて、「嫁をもらえ」と人は言うけれど、「どのような親不孝の嫁が来て、母親に薄情なことをするかもしれない」と言って嫁を迎えない。

問二

親孝行のつもりでも、仏の物である金銀を送って寄こしたのは罪深いことであり、実は親のためを思っていない行為なのだ。仏罰がとても恐ろしいので返しますよ。

問三

兄弟妹と三人そろって親孝行な子どもを産み育てた点を尊いと考え、兄に嫁をとらせず、弟妹を養子に出さず、いずれも手許に置いて、三人の将来の生活を心配することなく彼らに奉仕させている点を不審だと考えている。

問四

高僧になったり藩主の前で説法したりするのはたんに学識を得たからにすぎず、仏の物を母に送るようではまだまだ仏の教えを体得していない。仏法の根本に立ち返り、しっかりと仏の道を歩んでほしいということ。

問五　人は親孝行を勧め賞賛するが、親孝行も度が過ぎると子どもの幸福を犠牲にしてまでと人に非難されるし、仏の教えからはずれて何の孝行かと親に叱られる。このように親孝行も情におぼれると道理や道にはずれることがあるということ。

解説

問一

「老いゆく」の「ゆく」は〝だんだん〜してゆく〟の意の補助動詞。「ままに」は〝〜につれて〟と訳したが、〝〜ので〟と理由に訳してもよい。「めとれ（めとる）」は〝嫁を取る〟。「いへ」の主語は母に限定する必要はなく、不特定の人ととればよい。「いかなるもの」は〝どのような者〟と直訳されるが、〝どのような親不孝な女〟などと具体化するとよい。「つらき（つらし）」は〝薄情だ〟。係助詞の「や」は疑問の意。同じ係助詞の「か」が単純に疑問の気持ちを表すのに対して、「や」は相手に同意を求めるように問いかける。ここも、〝嫁が母親に薄情なことをするだろうか、どうだろうか〟と単純に尋ねているのではなく、〝嫁が母親に薄情なことをするのではなかろうか〟と危惧しているのである。したがって〝薄情なことをするかもしれない・薄情なことをしはしないだろうか〟などと訳さなければならない。

解答ポイント

①「めとれ」の訳出。②「つらき」の訳出。③「やあらん」の訳出。

問二

傍線部を直訳すると〝親のためを思わないのである。とても恐ろしいので返すよ〟となる。そこで前二文「この贈らるるは……罪をかむくはれん」に着眼する。母は仏の物である金銀を贈られたのでは仏罰を受けると恐れている。大徳にしてみれば親孝行のつもりかもしれないが、仏の道に反することだと、大徳の考えの足りなさを説いている。大徳の行為は本当に親のためを思ってしたものではないという発言の意図はここにある。したがってこの事情を説明しながら訳出すればよい。

解答ポイント

①傍線部の直訳。②親のためでないという発言の意図の説明。

問三

「たふとし（＝尊い）」については「かかる宝の子……化身にや」をまとめる。「いぶかし（＝不審だ）」については「めとらず養はせず……出で遊ぶらん親の心」をまとめる。前者については、三人の子どもがいずれも親孝行である点を説明する。後者については、三人とも手許から離さず、彼らの将来を考えることなく、自分の楽しみのために彼らを奉仕させている点を説明する。

解答ポイント

①「たふとし」＝親孝行な三きょうだいを産み育てたこと。②「いぶかし」＝母が子どもを手許に置いて、彼らの将来を考えず奉仕させている点。

問四

母が言おうとした最も肝心なことは「まこと仏の教へにはうときにやあらん」である。息子の大徳に、仏の教えからはずれていると叱責し、しっかりと仏道を歩むようにと諭している。これを説明の中心に置き、大徳が道を踏みはずしていると言われる理由を補足的に説明する。

その理由は二点ある。大徳が「ただ才能のかたの学びをえ」ているからにすぎない点、および仏の物を母に送るという心得違いなことをしている点である。前者については高位に昇り藩主に召されて説法したことをふまえて説明するとよい。

解答ポイント

①大徳が仏の教えにはずれているという母の訴え。②仏の教えに忠実であれという母の訴え。

問五

前の挿話では、親孝行な三きょうだいが幕府によって褒賞された一方で、母親が三きょうだいの将来を考えていないと言って非難する人がいたことが記される。後の挿話では、ある高僧が親孝行のつもりで金銀を母親に送ったところ、仏の物を私物化するのは仏の教えに反することだと母親に叱責されたことが記される。両挿話とも親孝行をテーマとし、親孝行が賞賛されない場合もあることが共通して述べられる。それというのも親孝行の情におぼれて道理にはずれたり、道を踏みはずしたりすることがあるからである。以上の事情を説明する。

解答ポイント

①親孝行が賞賛されない場合があること。②親孝行が賞賛されない理由。

通釈

私の同郷人である難波の人が、母一人を、兄・弟・妹のきょうだい三人が大切に世話をして、兄はだんだん年老いてゆくにつれて、「嫁をもらえ」と（人は）言うけれど、「どのような（親不孝な）嫁が来て、母親に薄情なことをするかもしれない」と言って（嫁を）迎えない。弟と妹は、人が養子にしたいと言うけれど、母のそばを離れたくないと言って（養子に）行かない。母が寺社詣でをしたいと言うと、弟と兄が二人で（母を）輿に乗せ、肩にかついで行く。妹はぴったりと（母に）寄り添って（母の心を）慰める。また幕府におかれては（その孝行話を）お聞きになって、ほうびの品を与え、たいそうおほめになった。ある人の母がこれを聞いて、「まあ尊いこと。このような宝のような子どもをそろえて産んだ人は、神や仏の化身であろうか。ただ不審に思うのは、（兄は）嫁をもらわず（弟と妹を）養子に出さず、（彼らの）将来のことをいかにも考えることなく、その輿に乗って遊びに出かけているという親の心がわからない」と、私に語ったことだ。これも世の道理だと思ってお聞きしました。

また鎌倉の何とかいう寺に住んでおられる大徳は、伊予の国（＝今の愛媛県）大洲の浦辺で、漁をする人の子どもであるとか。高僧との名声が世間に知れ渡りなさったので、国守が（大徳を）菩提院にお招きになり、仏道の教えをお聞きになった。このついでに、まずは母で老いていらっしゃる方にお目にかかろうと思って、参上なさったところ、母が言うには、「思いもしなかった、漁師の子がこのように尊い位に出世して、藩主のお召しまでも頂戴しようとは。けれどもそれはただ才能の方面で学問を修得してはいても、真の仏の教えは理解していないのではないだろうか。（というのは）前々から機会があるごとに、手紙に巻き添えて、金銀を送ってくださるのは、どのような心づもりであろうか。現在子ども（＝大徳）が（出家せずに、海辺を）走り回って、網引きや釣りさえしていれば、尊い財宝も何の役に立とうか（財宝など必要としなかったはずだ）。この送ってくださった金銀は、世の人々が仏に奉納したものではないのか。もしそうなら仏の道のためにこそ使わなければならないのに、（仏道とは無縁な）情けない俗世暮らしをしている我が身が、これを受け取ることで、どれほど大きな仏罰をこうむることだろうか。（金銀を送ってくれるのは実は）親のためを思っていない行為なのだ。とても恐ろしいことなので返しますよ」と言って、（大徳が送ってきた金銀を開封もせずにとっておいたのを）包んだままたくさん投げ返した。大徳は恐縮して泣いて（不孝を）わびたということである。これらの逸話は人が語ったままなので、真偽のほどはわからないけれど、学問を修めていなくてもこの（大徳の母の）ように尊い人もいたらしい。

二〇〇四年度 三

出典 横井也有『鶉衣』〈伯母を悼む辞〉

解答

問一

（イ） 伯母はいつものように心を込めて細やかに私をもてなしてくださり

（ロ） 本当に失敗することなく挿し木が根付きましたと私が伯母に申し上げましたところ

（ハ） 私は母上がお亡くなりになった後は、伯母をますます母上をしのぶよすがとも思い申し上げているので

（ニ） 私は何とかして伯母に親しくお仕え申し上げる機会があったらなあと、先々まで気長に考えていたのに

問二

最後に会った時、伯母は今年の冬に桜の挿し木をしてみようと張り切っていたのに、自分の命が後二十日あまりだとは予想もしていなかっただろうと回想している。

問三

ただ何となく描いたのでは伯母の期待に応えられる画は描けそうになく、また今は旅の準備で慌ただしいので適当な発句も思いつかないが、江戸に着いて落ち着いてから下手なりに仕上げて差し上げます。

問四

伯母をしのんで泣く私には、空で鳴く雲雀は亡き伯母の魂を探し求めているのだろうかと思われる。

解説

問一

（イ）「例の」は連用修飾句になり、〝いつものように〟の意。「まめやかに（まめやかなり）」は〝誠実だ〟の意。

（ロ）「あやまつ」は〝しくじる・失敗する〟の意。「ず」で打ち消し、「なん」の後に「侍る」などが省略される。直訳すると〝本当に失敗しませんでした〟となる。ここは桜の挿し木を失敗しなかったことをいう。「啓す」は「言ふ」の謙譲語で、本来は皇后や皇太子に言う場合に用いるが、ここは伯母に対する言葉。

（ハ）「うせ（うす）」は〝死ぬ〟。「いとど」は〝ますます・いっそう〟。「かたみ」は〝思い出すよすが〟。「見（る）」は「〜と見る」の形で〝〜と思う〟の意。

（ニ）「いかで」は願望の終助詞「もがな（＝〜があればなあ）」と呼応して〝何とかして〟の意。「うとから（うとし）」は〝親しくない〟。「行末」は〝将来〟。将来を遠く思っていたとは、先々まで気長に考えていたということ。

解答ポイント

①重要語句「例の」「まめやかに」「いとど」「かたみ」「いかで」「もがな」の正確な訳。②主語・目的語の補充。③（ロ）の「あやまたずなん」の後の必要な語句の補充。

問二

「かかる御別れ」とは、伯母が作者と最後に会って二十日ほど過ぎた頃に突然亡くなったことをいう。「思しかく」は「思ひかく（＝予想する）」の尊敬語。「や」は反語の係助詞（終助詞）。伯母は作者との死別を予想もしなかっただろうということ。それというのも「嬉しきこと……教へて」とあるように、伯母は冬に桜の挿し木をする心づもりであったからである。設問の「作者はこの時の伯母をどのように回想しているのか」という問い方はやや曖昧であるが、波線部の内容を中心に説明すればよいだろう。

解答ポイント

①「かかる御別れ」の説明。②伯母が自分の死を予想していなかった根拠。

問三

「いとこちたくこそ……奉りてむ」の部分が作者の答えになる。「すずろなる筆のいかが、及びがたくや侍らん」の部分では、気の向くままに何となく描いたのでは期待に応えられそうにないと謙遜している。また「今は旅のいそぎ……思ひよりがたくなむ」の部分では、発句を思いつくゆとりがないと弁解している。そして「さるにても……奉りてむ」の部分では、江戸に着任したら下手なりに仕上げて贈ると約束している。以上の三点を説明する。

解答ポイント

①いいかげんな気分では描けない。②発句を思いつく心境でない事情。③江戸に着いたら仕上げると約束した。

問四

「解説」とあるが、解答欄が小さいので句意をやや説明的に述べるしかない。「なき魂」は今は亡き伯母の魂ということ。「や」は間投助詞で切れ字。句意は、雲雀は亡き伯母の魂を探し求めて空で鳴くのだろうかということ。この雲雀には伯母を追悼する作者自身が投影されていると解釈でき、「なく」には「鳴く」と「泣く」の意が掛けてある。それを訳に反映させる。

なお本文の前書きに「是は歌物語のこと葉をかりて、俳文にあらずといぶかるべきが、只是も筆に任せし一体のすさびなり」とあり、作者はこの文章が俳文ではなく、中古文に拠った雅文であると断っている。したがってこの発句も伯母の死を追悼する作者の真情が真面目に表出されたものといえるが、やはり雲雀に作者自身を重ねるという俳諧的趣向を味わうべきだろう。

解答ポイント

①「なき魂」＝今は亡き伯母の魂。②「なく」＝「鳴く」と「泣く」の掛詞の訳出。

通釈

それにしてもこれははかない世の中であるよ。（最後に伯母に会ってから）過ぎた日数はわずかに二十日あまり、江戸へ旅立ちする暇乞いを申し上げようと思って（伯母を）お訪ね申し上げたところ、（伯母は）いつものように心を込めて細やかにもてなしてくださり、のんびりとお話しになったが、御前にある瓶に花をたくさん活けていらっしゃったことにつけて、去年の冬、桜の挿し木というものを人に習って庭に挿させましたところ、本当に失敗することなく（挿し木が根付きました）と（伯母に）申し上げましたところ、（伯母は）うれしいことを聞いたものよ、今年の冬必ず挿し木をさせてみよう、そのやり方を教えて（ちょうだい）、とおっしゃったくらいだから、このようなお別れ（＝死別）があろうとは予想なさるはずがあろうか。（伯母は）なおも何やかやと語り続けなさるその折に、最近思いついたことがある、下の方に身分の低い耕作する男を描いて、上の方に雲雀が高く上がっている情景を描いて、それに発句をつけておくれとおっしゃったが、まことに大仕事ですなあ、ただ何となく描いたのではどうでしょうか、お望みどおりには描けないでしょう、（それに）今は旅行の準備で落ち着きませんので、適当な発句もすぐには思いつきません、そうはいっても江戸に下りまして、何とかして常に心に留めて、不十分ながら描きあげてきっと差し上げましょうとお引き受け申し上げた、その（約束の絵を仕上げる）時間もないまま、今また悔やまれることの数のうちになってしまった。私の母上をはじめ、姉妹九人までもいらっしゃった。みなそれぞれ相応の縁におつきになりながら、次々とこの世を早く去りなさり、今は二人だけが生き残っていらっしゃるので、母上がお亡くなりになった後は、（伯母を）ますます（母を）しのぶようすがとも思い申し上げているので、いいかげんに過ごしてきた時間も取り返したく、今は公務で暇がない身とはいえ、何とかして（伯母に）疎遠でなく親しくお仕え申し上げる機会があったらなあと、先々まで気長に考えていたのに、このようなはかない訃報を聞いた心には、何度もただもう夢ではないかと思い迷わないではいられません。彼女のおっしゃった空の雲雀も、きっと雲隠れ（死去）なさるであろうというはかないお告げだったのだろうかとまで、何から何まで残りなく思い続けるままに、

伯母をしのんで泣く私には、空で鳴く雲雀は亡き伯母の魂を探し求めているのだろうかと思われる。

二〇〇三年度　三

出典　『しのびね』

解答

問一

（1）自分が父内大臣の意向によって権勢家の娘と結婚するうえに、自分との間にできた子どもまで取り上げられたのでは、姫君はどんなに寂しい思いをするだろうと、姫君を気の毒に思う気持ち。

（2）子どもと引き離される姫君を気の毒だと思う一方で、父内大臣が自分の孫である若君を実際に見たならば、その可愛さのあまり、若君の母親である姫君のことをも、無情な態度で見捨てたりはしないだろうと考えると、うれしく思う気持ち。

問二

内大臣が若君を引き取ろうとおっしゃる。あなたもそのつもりでいらして下さい。あなたのお寂しさを思うと私もつらく切なくなるでしょう。

問三

若君が生まれてこのかた、ほんの片時もそばを離れることのない状態に慣れているので、別れ別れになって暮らすと恋しく思われるに違いないけれども、若君が内大臣邸に引き取られるのは、若君の将来にとっては良いことだと考え直して、自分の寂しい心を慰めている。

問四

（5）明日から若君と別れて暮らすことになるのをひどく悲しんで、若君を膝の上に抱いてさめざめと泣いてばかりいる母親の様子を、若君は、母親が玩具の車でも欲しくて泣いているのだろうかと、自分の立場に引き寄せて理解して言った。

（6）「お前と会えなくなるので、それがどんなに恋しいことかと思って泣くのですよ」という言葉を、若君は自分が明日母親と引き離されることも知らず、また、「見る」を〝会う〟ではなく〝見る〟の意味に理解して、「どうして僕の顔がご覧になれないのですか。よくご覧なさい」と言った。

解説

問一

（1）「いたはしく（いたはし）」は〝気の毒だ・かわいそうだ〟の意。直前の「これさへなくて、なほいかにつれづれならめ」、すなわち若君までいなくなったら、どんなに寂しいだろうという内容を受けている。「さへ」が添加（その上…までも）の副助詞である点に着眼すると、自分が権勢家の娘と結婚するうえに若君までも取り上げられては、という二つの内容を含んでいることがわかる。

解答ポイント

①寂しがる姫君を気の毒に思う。②若君を取り上げられる。③中将が権勢家の娘と結婚する。

（2）「かつ」は〝一方で〟の意。姫君を気の毒に思う一方でうれしくも思うということ。直前の「（父内大臣が）若君を見給ひては、母君（＝姫君）のことを、さのみなさけなく（＝無情に）思し捨てじ（＝見捨てることはないだろう）」が「うれしく」の内容になる。父内大臣が若君を見る→若君が可愛い→若君の母親である姫君への無情な態度を改める→中将もうれしい、というつながりをつかむ。

解答ポイント

①姫君が気の毒な一方で、うれしいという気持ち。②父内大臣が若君を見て可愛く思う。③父内大臣が姫君を見捨てない。

問二

「あこをこそ迎へんとのたまへ」の主語は内大臣。「のたまへ」は「こそ」の結びで已然形になっている。「さ心得給へ」の主語は姫君。副詞「さ」は前文を受けるから、その内容を具体化する必要はない。「心得」は〝理解する・悟る〟の意。直訳すると〝そのように理解なさって下さい〟となるが、文脈に即した自然な訳としては〝そのつもりでいらして下さい〟くらいが良いであろう。「御つれづれこそ心苦しかるべけれ」の主語は中将。「心苦し」は相手の様子を見て心を痛め、つらく気の毒に思う気持ちを表す。ここでは姫君の「御つれづれ」を気の毒に思っている。「御つれづれ」は「つれづれならめ」と同じく、若君のいない寂しさをいう。文末の「べけれ（終止形「べし」）」は推量の意。

解答ポイント

①各文の主語の明示。②「御つれづれ」の内容明示。③「心苦しかるべけれ」の正確な訳。

問三

「思しなぐさむ」は〝自分で心を慰める〟の意。直前の「生まれ給ひし日より…人となり給はんもよきこと」が、その内容を表している。「人となる」は、〝一人前の成人になる〟という意味。内大臣に引き取られれば、成人して朝廷に仕える際にも地位が保証されるであろうから、このまま自分の手元に置いておくよりも、若君の将来にとっては良いことだと考えたのである。

若君といつも一緒にいたこと、若君と別れて暮らすと恋しく思うに違いないこと、内大臣の後見を得て、若君の将来が安定するのは良いことだと思い直したこと、この三点が主な内容である。

解答ポイント

①「思しなぐさむ」の語意。②若君が引き取られたら恋しく思うに違いないという気持ち。③若君の将来にとっては良いことだという思い。

問四

（5）　母親の態度は「若君を御膝におきて、ただすめざめと泣き給へば」の部分。これを若君は「小車のほし」くて泣くのかと理解した。母親の悲しみを自分の視点からしか理解しようとしない、いかにも子どもらしい様子を読み取る。説明にあたって、母親の悲しみの内容を具体化する。

解答ポイント

①若君との別れを悲しむ母親。②さめざめと泣いてばかりいる母親。③若君の子どもらしい理解。

（6）　母親の言葉は「あこを見るまじきほどに、恋ひしからんことを思ひて泣くぞ」の部分。若君と会えなくなるのが悲しいと訴える。これを若君は、母親が自分の顔がよく見えないと言ったのだと理解している。「見る」を〝会う〟ではなく文字通り〝見る〟の意に誤解したのである。これも若君の子どもらしさを表現している。もちろん、明日になったら自分が母親から引き離されるということもまったく理解していない。

解答ポイント

①母親の言葉の内容。②若君が自分の境遇を理解していないこと。③「見る」の意の誤解。④若君の言葉の内容。

通釈

（中将の結婚を聞いて悩んでいた）姫君は、みっともなく、そうむやみに思い沈んで（いると、中将に）思われ申し上げまいと、さりげない様子で振る舞いなさるが、心に思うことが、どうして（外に）表れないであろうか。内大臣殿は、若君を迎え申し上げようとして、日取りまで決めなさるので、（中将は）「（自分の結婚に加えて）この若君さえいなくなっては、（姫君は）さらにどんなにか寂しいだろう」と、いたわしくお思いになる。また「（内大臣が）若君をご覧になったら、（きっと若君を可愛いとお思いになるだろうから、その若君の）母君（＝姫君）のことを、さほど無情にお見捨てにならないだろう」と思うと、一方ではうれしくて、（姫君に向かって）「（内大臣が）若君を迎えようとおっしゃる。（あなたも）そのつもりでいらして下さい。（あなたの）お寂しさを思うと（私も）つらく切なくなるでしょう」とおっしゃるので、（姫君は、中将の結婚に加えて）またこれさえ悲しくて、（若君が）生まれなさった日から、片時も（そばを）立ち去ることもなくて、（そのような状態に）慣れていらっしゃるので、（若君が引き取られたら）恋しくお思いになるだろうけれども、（若君が）内大臣の邸宅にいらっしゃったら、成人する際のことを考えても（内大臣に後見してもらえば良い官職・位を得られるだろうから、若君の将来のためには）良いことだと（ご自分を）思い慰めなさって、（若君の）御装束などをお作りなさる。

（若君が内大臣に引き取られるのが）いよいよ明日という日は、（中将と姫君は）一緒にいつものように尽きないお話をなさる。姫君は、若君をお膝の上に置いて、ただささめざめとお泣きになるので、（若君が姫君の）お顔をじっと見て「何をお泣きになるの。小車が欲しいのか」とおっしゃって、可愛らしいお手で、（姫君の）涙を拭いなさるので、（姫君は）どうしようもなく悲しくて、「お前と会えなくなるに違いないから、きっと恋しく思うだろうと思って泣くのですよ」とおっしゃると、「どうしてご覧になれないでしょうか。よくご覧なさい」とおっしゃって、お顔を押し当てなさるので、我慢できる気持ちもせずむせかえりなさるので、中将も涙にくれて、ものもおっしゃらない。

二〇〇二年度 三

出典　A『大鏡』〈右大臣道兼〉　B『拾遺和歌集』〈巻第二十　哀傷　一二八一（藤原道兼）〉

解答

問一

（イ）幼い子供はみんなそんなものだ（ろう）とは思うけれど

（ロ）いとあさましうまさなう悪しく

問二

あの福足君のことだから、本番になって舞わないなどと駄々をこねるだろうと思っていたよ。

問三

中関白殿は、このように他の人に対して思いやりの深いところがおありになったのに、どうしてご子孫が途絶えてしまわれたのだろうか。

問四

福足君は、蛇をいじめた祟りで、頭に腫れ物ができて亡くなった。

問五

「あやめも知らぬ心」は福足の幼い心を、「ながからぬ世」は早世したことを表している。歌意は、分別もつかない幼い心にも、福足は自分の短い命を悲しんで、形見としてしのんでほしいというつもりで泥土の中に菖蒲を植えたのだろうか、というもので、評判の悪童ながらわが子の死をいたむ親の悲しみが表現されている。

解説

問一

（イ）「さのみこそ」の後に「あれ」または「あらめ」が省略されている。「のみ」「こそ」は共に強意の用法。

解答ポイント

省略語句を補って訳す。

（ロ）傍線部の直後に指示内容がある点に注意。「さ」と置き換えてそのまま下に続く部分を抜き出す。

解答ポイント

過不足なく抜き出す。

問二

案の定、御賀の当日になって福足が舞わないと駄々をこねたと人々が思った、という趣旨をおさえる。「さ」は「『吾は舞はじ』とて…引き破りたまふ」といった細部までを具体的に指しているのではなく、舞わないと駄々をこねる、あるいは問題を起こすといった、おおよその内容を指しているとみるべき。いくら予測していたとはいっても、そこまでは無理なはずである。なお、「つる」は完了の助動詞「つ」の連体形。

解答ポイント

「さ」の指示内容を正確にとらえる。

問三

傍線部は道隆（道兼ではない）に対する、『大鏡』の語り手世継の感想（同情）を述べた部分である。特に「なさけなさけし（＝思いやりが深い）」「すゑ（＝子孫）」「かる（枯る）（＝途絶える）」の訳がポイント。その他、「人のために」や、疑問詞「など」の訳し方にも注意が必要。「に（終止形は「ぬ」）」「けむ」は助動詞で、それぞれ完了・過去推量の意。

解答ポイント

①主語の道隆の明示。②特に「なさけなさけし」「すゑ」の訳。

問四

A文の終わり「この君（＝福足）、くちなは凌じたまひて…亡せたまひにき」を現代語でまとめる。

解答ポイント

①蛇をいじめたこと。②祟り。③頭に腫れ物ができたこと。

問五

福足は評判の悪童であったが、菖蒲を植えて早世したそのけなげさを、父親である道兼が悲しみをこめて詠んだ歌である。歌の解釈とその解説を解答にまとめる。前者については特に掛詞の二つの意味を明確に示す。後者については特に作者道兼の心情を解説する。「しのべとや」は「植ゑけむ」を修飾する。「しのべ」は〝亡き自分のことを思い出してほしい〟ということ。「けむ」は過去推量。

解答ポイント

①掛詞をふまえた解釈。②作者（＝道兼）の心情の説明。

通釈

A　粟田殿（藤原道兼）のご子息は三人いらっしゃって、ご長男は福足君《ふくたりきみ》と申し上げたが、幼い子供はみんなそんなものだろうとは思うけれど、（福足君は）たいそう驚きあきれるほど始末が悪くて手に負えない子供でいらっしゃった。

東三条殿（藤原兼家）の長寿のお祝いに、この福足君に舞をおさせ申し上げようとして、習わせなさる間も、

（福足君は）駄々をこね、いやがりなさるけれど、あれこれと機嫌をとり、祈禱までをして、お教え申し上げたところ、当日になって、たいそう立派に舞の衣装をつけてさしあげなさったところ、（福足君は）舞台の上に上がりなさって、楽器が、音の調子を吹き合わせ始める頃合いに、困ったことに、（福足君は）「僕は舞わない」とおっしゃって、（結いあげた）角髪（＝髪を中央から左右に分け、耳のあたりで丸く束ねたもの）をひきむしり、ご衣装をびりびりと引き破りなさるので、粟田殿は、お顔が真っ青になられて、茫然としたご様子である。（その場に）いらっしゃった方々はみんな、「こんなことになるだろうと思っていたよ」とご覧になるけれど、どうすることもできずにいると、御伯父の中関白殿（藤原道隆）が（御殿から）下りて、舞台にお上がりになるので、（人々は）「うまく言いなだめなさるだろうか、それとも、怒りを抑えきれず、（舞台から福足君を）追い下ろしなさるだろうか」と、どちらだろうかと見ておりましたところ、（中関白殿は）この福足君をお腰のあたりにぴたりと引き寄せなさって、ご自身の手で（福足君を）とても立派に舞わせなさったので、楽の音もいっそう引き立っておもしろく、福足君の御恥も隠れ、その日の感興も格別に高まったことだった。祖父殿（藤原兼家）もうれしくお思いになった。父の大臣（道兼）はいうまでもなく、他人でさえ、大変に感動し申し上げた。（中関白殿は）このように他の人に対して思いやりの深いところがおありになったのに、どうしてご子孫が途絶えてしまわれたのだろうか。

この福足君は、蛇をいじめなさって、その祟りにより、頭に腫れ物ができて、お亡くなりになった。

B　福足といいました子が、遣水の所に菖蒲を植えておいたまま亡くなりましたその翌年、（菖蒲が）生育しましたのを見まして　　粟田右大臣

自分の亡き後の形見としてしのんでほしいというつもりで、分別もつかない幼い心にも、自分の長くない命をつらく悲しく思って泥土の中に菖蒲を植えたのであろうか。

二〇〇一年度 三

出典　清水浜臣『泊洦《ささなみ》筆話』〈織錦斎遅吟五十槻園早吟の話〉（『日本随筆大成』第一期　七）

解答

問一

（1）師が自分でその文章をよいと認めて、清書なさるときに至っては、間違っていることはほとんどなかったのである。

（2）やはり歌を詠む場合には、急いではならないのである。いまだかつて急いで詠んだ歌には、すぐれているものはない。

（3）見る人それぞれに向かって、「この文章は下書きも準備しないで書いたのである、だから少しの欠点はあるはずだよ」と、誰が事情を説明するだろうか。そんな人はいるはずがない。

問二

早吟の人が、すぐれた才能ももっていることはありうるが、早吟であるため、ともすれば考えの足りないことが交じり、また筆に任せて深く考えるにいたらないこともあるので、早吟であるというだけでほめるのは間違いである。

問三

遅吟の作は、作成時に多くの推敲を重ねたため手際が悪いように見えたとしても、欠点のない秀作となれば、後世に伝わって誰もが納得して称賛することになる。一方、早吟の作は、作成時は早い手際を評価され少しの欠点は見逃してもらえたとしても、後世に伝わったとき、作成時の事情を説明するものはいないので、欠点ばかりが目に付き高い評価を受けることはない。

解説

問一

(1) ここでの「許す」は「自他ともに許す」などという時と同じで、〝価値があると認める〟という意味になる。ここでは、推敲に推敲を重ね、自分自身で納得のいく形になった時のことを指す。

(2) 「〜ん（む）には」は多くの場合仮定で訳したり「む」の下に「時」「場合」などを補ったりする。「とくよめる」の「る」は完了の助動詞「り」の連体形だが、その下に省略されている体言は「時」「場合」とも「歌」とも考えられる。

(3) 「誰か」の訳に注意。古文では「誰かいる」は〝誰かがいる〟にはならない。疑問の係助詞の機能から文全体が疑問文となる。この一文は「誰か……ことわりいふ人のあらん」となって「誰か……いふ」と「人のあらん」とが重複して不整合な文になっている。口語訳の段階で整理すること。「ことわり」は動詞「ことわる」の連用形で、相手の理性に訴えて何かを説明したり、納得させたりすること。訳し方はさまざま。

問二

荒木田久老神主に対する評価をまとめればよい。ただし、本文では和歌を詠む場合の「早吟」と文章を書く場合とを個別に論じているので、それを一般化した表現にする必要がある。

問三

設問が「遅吟の作」「早吟の作」となっているが、和歌と文章を区別せず、問二と同様どちらにもとれるような一般化した表現にする。

通釈

私の師が常にお詠みになって披露なさる歌は、たいそう遅吟で、人のもとに行って、その席に臨んでお詠みになる歌も、ある時は「今日は詠むことができないのだ」といって、一日中お考えになったままで、詠めないままお帰りになることがたびたびであった。文章の言葉なども、筆をお取りになってから、何度か推敲して、それでも納得できないうちは、そのまま戸棚の中に巻き入れておかれて、気が向いたとき取り出しては、消し補いなどをなさったことが常である。だから師が自分でその文章をよいと認めて、清書なさるときに至っては、間違っていることはほとんどなかったのである。（一方）荒木田久老神主は、その心構えが（我が師とは）大いに違っていて、（和歌を詠むにおいて）早吟であるだけでなく、序文などを人に頼まれてお書きになるときなども、筆を取って紙に向かうと、詩を作る心がたちまちに動くということで、下書きも用意せず、ただちに筆を下ろされたという。すぐれた才能であることはおほめ申し上げるべきことではあるが、だからこそその文章の言葉は、ともすれば考え足りないことが交じるときもあった。またあまりに筆が走るのに任せて、深くお考えになるまでにはいたらなかったこともあったという。今（師と彼の）どちらをよしとしようか。「我が家の仏尊ぶ」というのではないけれど、「俊頼口伝抄」でも（俊頼卿が）おっしゃっている。その言葉に、「やはり歌を詠む場合には、急いではならないのである。いまだかつて急いで詠んだ歌には、すぐれているものはない。だから貫之などは、歌一首を十日二十日かけて詠んだ」とあるのだ。このように昔の人が言いおきなさったことを思うにつけても、歌を詠むのが早いことだけがすぐれていることだとは言い難いにちがいない。それぱかりでなく、たとえ筆を取って、すぐにできた文章であっても、そのときはすばやい筆づかいをほめて、少しの欠点があるのも（わざと）見逃してやって称賛することもあろう。（だが）後世に伝わった場合に、見る人すべてに向かって、「この文章は下書きも準備しないで書いたのである、だから少しの欠点はあるはずだよ」

と、誰が事情を説明するだろうか。そんな人はいるはずがない。（書いている）そのときはたとえ千度百度書いては消し改めたとしても、欠点のない珠玉の文章となるなら、後世に伝わっても、誰もがほんとうに（すばらしい）とほめるであろうよ。この優劣はどうであろうか。世の歌人が判定するところを聞きたいものだ。

二〇〇〇年度 三

出典 『住吉物語』

解答

問一

（1）高貴な女性が、横を向いて座っている。

（2）あなたのいらっしゃる場所を、お教えください。

問二

（A）あなたは今どこにいらっしゃって、私にこんなつらい目をお見せになるのですか。あなたが行方知れずで私がどれほど嘆いているかわかっていらっしゃいますか。

（B）仏様のお告げを受けたので、そのお告げどおりにするつもりだ。私にはとくに、思うことがある。お前たちは私の言うとおりにしなさい。お前たちがたとえ何と言っても、連れていくつもりはないぞ。

問三

私の住んでいる所は海の底ともどこそこだともわからないようなへんぴな場所で、そこでつらい暮らしを送っておりますが、漁師はそこを「住みよい所だ」などと言うのですよ。そうです、私は今住吉におります。

問四

姫君が立ち去ろうとするのを自分が袖を引きとめて帰さないでいると夢に見て、中将はふと目を覚まして、もし姫君と会っているのが夢だと知っていたなら、目覚めないでいたのになあ、と思って悲しかった。

解説

問一

（1）姫君は中納言の娘で、服装や物腰から「高貴」だと知れたのである。「そばむく（側向く）」は〝横を向く〟で、顔を髪で隠して見せないようにするさまと考えられる。「居る」は〝座る〟。

（2）「させ給へ」は二重尊敬。

問二

（A）敬語から判断して主語を補う。「にか」は「にか（あらむ）」ととって文をいったん切ると後の文が浮いてしまうので、「に」を原因理由の格助詞として「…にか」が「見せ給ふぞ」を修飾していると考える。直訳すれば「どこにいらっしゃることによって」となる。

解答ポイント

①「にか」の解釈。②各動詞の主語を補う。

（B）「そのままになむ」は〝示現のままに従おう〟と訳すのが文脈からいちばん自然。供の者に具体的内容を告げられないから「そのまま」「思ふやうあり」と曖昧にぼかしているのである。「言はんままに」の主語は仏ではない。仏なら敬語が必要である。ここでは「御供なるもの」は私（＝「中将」）の言うとおりにしなさい、という文脈になる。「べし」は命令の意。

解答ポイント

①「そのままになむ」の後の省略を補う。②各動詞の主語を補う。

問三

設問の「技法」とは特に「海のそこ」と「海の底」、「住みよし」と「住吉」との掛詞をいう。掛詞は原則として両方の意味を訳出する。ただし、中将の問いかけに対する返答なので地名「住吉」に重点を置くように最後にもってくる。

解答ポイント

二組の掛詞の訳出。

問四

「夢と知りせばさめざらましを」は反実仮想の用法で、〝夢と知っていたなら目覚めないでいたのになあ〟という意味。古歌の一部を引用する場合、その真意は引用個所以外の部分にある。

解答ポイント

①各動詞の主語を補う。②「夢と知りせば」の後を補う。

通釈

月日が過ぎて、九月ごろに（中将は）初瀬にこもって、七日目という日、一晩中勤行して、夜明け前に少しまどろんだときの夢に、高貴な女性が、横を向いて座っている。寄って見ると、自分が思い慕っている人である。嬉しさは、どうしようもなくて、「（あなたは）どこにいらっしゃって、（私に）こんなにつらい目をお見せになるのですか。（あなたが行方知れずで、私が）どれほど嘆いているかわかっていらっしゃいますか」と言うと、（姫君は）泣いて、「そうまで（お嘆き）とは思っておりませんでしたわ。たいそうお気の毒です」と言って、「もう帰ります」と言うので、（中将は姫君の）袖を引きとどめて、「（あなたの）いらっしゃる場所を、お教えください」とおっしゃると、

私の住んでいる所は、海の底とも、どこそこだともわからないような海辺の場所で、そこでつらい暮らしを送っておりますが、漁師はそこを「住みよい所だ」などと言うのですよ（そうです、私は今住吉におり

ます)。

と言って、(姫君が) 立ち去ろうとするのを (自分が袖を) 引きとめて帰さないでいると (夢に) 見て、(中将は) ふと目を覚まして、もし (姫君と会っているのが) 夢だと知っていたなら (目覚めないでいたのになあ) と思って、悲しかった。

そこで、(中将は)「仏のご霊験だ」と思って、夜のうちに (こもっていた堂から) 出て、「住吉という所を、探してみよう」と思って、お供の者に、「精進したよい機会なので、天王寺、住吉などに参詣しようと思うのである。皆それぞれ (邸に) 帰って、このことを申せ」とおっしゃったところ、(お供の者は)「どうしてお供の人がいなくてよいでしょうか。お供申し上げずに邸に帰参したなら、(私たちにとって) よいことがございましょうか (ないでしょう)」とみなお供しようとしたが、「お告げを受けたので、その (お告げの) とおりに (するつもりだ)。(私には) とくに、思うことがある。(お前たちは私の) 言うとおりにしなさい。(お前たちが) たとえ何と言っても、連れていくつもりはないぞ」と言って、御随身一人だけを連れて、糊が落ちてやわらかくなった浄衣と、薄色 (＝ここでは染色の薄紫色) の衣に白い単衣を着て、藁沓、脚絆をつけて、竜田山を越えていき、(中将の姿が) 見えなくおなりになったので、(中将にそれ以上のことを) 申し上げようもないまま、お供の者は帰ってしまった。

一九九九年度 三

出典 本居宣長『玉勝間』〈六の巻 「からあい」 六二 古き名どころを尋ぬる事〉

解答

問一

（1） 何であれ、はるかな昔の名所旧跡で、そう古くない時代に探し求めて見つからなかったものを、今の時代に探してここだと決めるようなことは、一般に容易でないことだなあ。

（2） よその土地に居るままではどこにあったのかはっきりしない旧跡も、その国ではさすがに書き伝えもし語り伝えもしていて、紛れようのないこともある。

（3） ここそはこれこれの跡だなどと目にとまるものであるけれど、それもまたすぐには信頼しがたい。

問二

その土地の人が昔のことをあまりに確かに知っているかのように語るのは、書物の一部を生半可に考えなどした者が自分の判断で勝手に決めて言っていることが多い。また、非常に名高い旧跡などを、よその土地にあるものでも無理に自分の国や自分の里のものとしたがるのが世の常であって、ほんの少しの拠り所めいたことをも確かなことだと考えて、無理にその旧跡はここだと主張する者も多い。また、昔生半可な物知りなどでその土地にたずねて来た者が、間違った決定をして、ここはこれこれの跡だなどと教え残したのを聞いていて、その土地の人がほんとうにそういうことだと信じて、子孫などにも語り伝えたものもある。だから、土地の人の話がたとえもっともらしく聞こえたとしても、そのまま信用してしまうのはよくない。

問三

木立など二、三百年を経たものはたいそう古びて見えるものなので、その場所の様子が神々しく、木立が生い茂り古びて見えるからといってそこを旧跡だと即断はできないということ。

解説

問一

（1）「古への」の「の」は準体言。内容をあきらかにする。「とめ」は「尋む」の連用形。「中頃」は「古へ」と「今の世」の中間の時代を指す。

（2）「よそ」は「その国」に対して「よその土地」のこと。

（3）引用の「と」の上の表現を完成させる。

問二

該当する事例は「古への事を、あまりたしかに…子孫などにも語り伝へたるたぐひ」である。

通釈

神社であれ、御陵であれ、歌枕であれ、何であれ、はるかな昔のもので、そう古くない時期に探し求めて見つからなかったものを、今の時代に探して（ここだと）決めるようなことは、一般に容易でないことだなあ。その理由を言うなら、まずこの旧跡を探すという仕事は、ただ昔の書物などを考察しただけでは知ることはむずかしい。どれほどくわしく考えても、書物によって考え決定したことは、（実際）その場所に行って見聞きすると、たいそう違うことが多いものである。よその土地に居るままではどこにあったのかはっきりしないことも、その国ではさすがに書き伝えもし、語り伝えもしていて、紛れようのないこともある。だから自分でその場所に行って、見て、そこのことをよく知っている人に質問などもしないでは、十分ではない。また一度行って見聞きしただけでも、やはり十分ではない。行って見聞きし、戻ってきて、また書物などと考え合わせて、またまた行って、よく見聞きしたうえでなくては、決定するのがむずかしいにちがいない。そうしてまたその土地の人に会って質問するのにも、心得ておくべきことがいろいろある。昔のことをあまり確かに知っているかのように語るのは、多くは、書物の一部を生半可に考えなどした者が、自分の判断で勝手に決めて言っていることが多いので、そういうものは信頼しがたく、かえって邪魔になるものである。また非常に名高い旧跡などを、よその土地にあるものでも、無理に自分の国や自分の里のものとしたがるのが世の常であって、ほんの少しの拠り所めいたことをも、確かなことだととらえて、無理に（その旧跡は）ここだと言って、碑を立てるたぐいのことなども、また世間には多いので、用心して惑わされることのないようにすべきである。書物などはまったく見たこともない、まったくの下賤な男が、覚えていて語ることは、前後のつじつまが合わず、いいかげんで、間違いばかり多いけれど、その中にはかえっておもしろいことも混じっているので、そんなたぐいのものも注意して聞くべきことである。けれどもまた、昔生半可な物知りなどで（その土地に）たずねて来た者が、間違った決定をして、ここはこれこれの跡だなどと教え残したのを聞いていて、里人はほんとうにそうだと信じて、子孫などにも語り伝えたたぐいもあるようだから、もっともらしく聞こえることも、やはりむやみには受け入れがたい。また自分でその土地の様子を行って見て決めるのにも、いろいろ心得るべきことがある。あたり全体が神々しく、木立が茂っており、古びなどしているのを見ると、ここここそは（これこれの跡だ）などと目にとまるものであるけれど、それもまたすぐには信頼しがたい。一般に何でもない所にも、古めいた森林などは多くあるものである。木立など二、三百年を経たものは、たいそう古びて見えるものなので、古く見えるものだからといって、容易には決めがたいことであるよ。

一九九八年度　三

出典　三浦梅園『梅園拾葉』

解答

問一

（1）花桶に生ける花の多い多くないは、そのつど子供や山暮らしの者たちがどれだけ採ってきてくれるか次第だということ。

（2）花が散ったり枯れたりした後の様子が趣深いのは言うまでもないということ。

（3）散ったり枯れたりした花を残したままさらに新しい花を加え入れるのでごちゃまぜになって、はた目にはさぞかしうっとうしく見えることだろうということ。

（4）花が散った後の桜の若葉が、花桶に残るわずかな水のなくなるまでが自分の寿命だとも知らず、生き生きと緑の色を深くしているということ。

問二

無造作に挿した花が自分勝手に乱れあって、上を向いたらよいと思う花が下を向き、下にあったらよいと思う花が上にあって、思いどおりにならない様子が、人々が勝手に振舞って思いどおりにならない人の世と似通っていておもしろいということ。

問三

枝を曲げ、葉をまびき、花房を摘み取り、色あせればすぐに容赦なく取り除き捨てるような一般的な生け花のやり方を、万物をあるがままの状態で楽しむという考え方に反する残念なやり方だと思うということ。

解説

問一

（1）「手にまかせつつ」は、花の量の多少を問題にしているのだから、当然〈どれくらい採取してきてくれるか〉を表している。持ってきてくれた量の花を、そのまま「捨てやらず取りつくろはず、つかみ挿」すわけである。「つつ」は反復の助詞で「そのつど」と訳出した。

解答ポイント　生ける花の量が童山賤の採ってくる量次第だということ。

（2）「名残り」は〝物ごとの過ぎ去った後に残る余韻〟。

解答ポイント　「名残り」が〝花の散った後の余韻〟だということ。

（3）

解答ポイント　新旧の花が同時に同じ所に生けられているという具体的状況の説明。

（4）

解答ポイント　折り取られて花桶に挿されているに過ぎない桜の枝のはかない状況と、それでも営まれる生との対比。

問二

設問の「何が」は「花が」。「どのように」は傍線部直前の「おのがまにまに……思ふままならぬ」様子が

「まるで人の世のようで」ということ。

問三

「かの枝」以下は「万物……皆自得」と対立する一般的な生け花のやり方のことである。

解答ポイント

「かの枝」以下の一般化と、「万物……皆自得」との関連付けとの二点。

通釈

花は生けるのにも投げ入れるのにも、それぞれその作法があるというようだ。けれども片田舎にいる人（である私）は知らない。知らないからといって花がすばらしくないことがあろうか。軒に半ば垢のついている見苦しい花桶を、頼りなく糸につるして、花の多い多くないは子供や猟師や樵夫の持ってくるのにまかせて、捨ててしまわずとりつくろわず、つかんで挿すので、自分勝手に乱れあって、上を向くべきものは垂れ、低いはずのものが高くなり、思いどおりにならないのも、人の世と似通っていておもしろい。盛りを過ぎた花が趣深いのは言うまでもない。枝は情けなく枯れ、葉はさびしく衰えてしまったのが、趣深いので、いつも蜘蛛の住みかとなるまで換えてしまわないで、古い花に新しい花を加え入れるので、はた目にはさぞかしうっとうしく見えることであろう。隣にいる亀という子供が、最近桜を惜しげもなく折ってきて、元という子に挿させた（その花びら）が、風に吹かれて、書物の端や硯の上に散りかかって、人（＝私）の心を悩ませたのも、いつのまにか昔のことになってしまい、その後は桜の若葉が、（花桶に残る）わずかな水がなくなるまでが自分の寿命だとも知らず、緑の色を増し、花しべが思わせぶりに残っている。過ぎ行く春のかたみだと思うと、どうして捨ててしまうことができようか。蝶や蜂がいつものようにやってきて、（花を）探し迷うのも気の毒で、椿やしゃがなどといったものを折って（散った花に）添えて挿すと、彼らも所を得たように遊び戯れて、（私は）「万物静かに観れば皆自得」という詩句などを思い出して、口ずさんだ。あの、枝を曲げ、葉を減らし、花房を摘み、色あせるとすぐに容赦なく取り除き捨てる（やり方）を残念だとは、私ひとりだけが思っていることだろうか。

MEMO

MEMO

MEMO

MEMO

MEMO

難関校過去問シリーズ

京大の古典

25カ年［第2版］

別冊 問題編

教学社

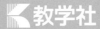

京大の古典25カ年［第2版］

別冊　問題編

二〇二二年度　文系

三　次の文を読んで、後の問に答えよ。

歌の道の大きに廃れにしは、歌合といふものの出で来しよりなり。それ歌は、喜び、怒り、悲しみ、楽しむなどのほどほどにつけてその心を遣《や》るものにて、人の心の和らげとなすなるを、いかにぞや、かたみに詠み出でてその争ひすなる、(1)いと浅ましきわざなりかし。またその頃よりは殊に歌のさまも悪《あ》しうなりぬ。

それだにあるに、古き歌直すわざも出で来にたり。これもまたいとむくつけなるや。その詠みたる人、世にあらばこそ、言ひも合はせぬべけれ。(2)それも、己にたよるにしもあらぬ人には、もて出でて言ふべきことにしもあらず。また、己がほどなど詠めらん人の、直せなど言はんには、いと否むべきわざなるを、それには引きかへて、声だに聞くべうもなき古の人の、しかも位高き人、或はよく詠む人の歌をも、おのが心に*悪ししと思ふふしぶし直して、(3)われこそよしと思ふらめ、人はまたさも思はぬもあるべし。もとの歌はよくて直したる歌の悪しきが、彼《か》のもとの歌は亡びて直しつる歌のみ残らばいかにぞや。いと歌詠みの嘆くべきわざなめり。既に*「田子の浦ゆうち出でて見れば真白にぞ富士の高嶺に雪はふりける」といへる歌を、後の人の「真白にぞ」を嫌ひて「白妙の」とかへ、「雪はふりける」を「ふりつつ」と直せり。目前の景色を詠める歌なれば、「ふりける」とこそ詠むべけれ。「ふりつつ」と言ひぬれば、まだ外に意の含みたる様にて、しかも明らかならず。(4)げに意余りて詞足らざるがごとくなりぬ。また「白妙の」の詞は殊に殊に悪しし。もとの歌の「真白にぞ」と言ひしは雪の色を言へること明らけし。かの直しつる「白妙の」の詞はさは聞こえず、富士は色のもとより白きとぞ聞こゆ。いかで富士の色の白かるべきや。この歌はいとめでたき歌なれど、後の人の直したればいといと悪しうなりぬ。すべてかく悪しう直したる歌、数多あるべし。(5)ただ古き歌にても悪ししと思はば用ゐずしてありぬべきを、妄《みだ》りに直してその人の意に違ふのみか、悪しうさへするこそいとあぢきなきことなめれ。

（田安宗武『国歌八論余言』より。一部省略）

注（＊）

悪しし＝形容詞「悪《あ》し」の終止形の特殊な語形。

田子の浦ゆうち出でて見れば真白にそ富士の高嶺に雪はふりける＝『万葉集』に載る山部赤人の歌。「真白にそ」の「そ」は「ぞ」の古い形。この歌は、後世、『新古今和歌集』などの歌集に「田子の浦にうち出でて見れば白妙の富士の高嶺に雪はふりつつ」という形で収められた。

問一　傍線部（1）について、筆者が歌合を「いと浅ましきわざ」だと言うのはなぜか、説明せよ。

解答欄：一四・〇㎝×三行

問二　傍線部（2）（3）を、指示語が指す内容を明らかにしつつ、それぞれ現代語訳せよ。

解答欄：（2）一三・〇㎝×三行　（3）一三・〇㎝×二行

問三　傍線部（4）はどういうことか、筆者が挙げる例に即して説明せよ。

解答欄：一四・〇㎝×四行

問四　傍線部（5）を、「その人」が指すものを明らかにしつつ現代語訳せよ。

解答欄：一四・〇㎝×四行

二〇二二年度　理系

三　次の文は、建礼門院右京大夫の歌集の一節で、死別した恋人、平資盛《すけもり》と過ごした日々を回想して、雪の日の出来事や山里での一齣《ひとこま》を綴《つづ》ったものである。これを読んで、後の問に答えよ。

雪の深く積もりたりしあした、里にて、荒れたる庭を見いだして、(1)「けふ来む人を」とながめつつ、薄柳の衣《きぬ》、紅梅の薄衣など着てゐたりしに、枯野の織物の狩衣、蘇芳《すはう》の衣、紫の織物の指貫《さしぬき》着て、ただひきあけて入り来たりし人の面影、わがありさまには似ず、いとなまめかしく見えしなど、常は忘れがたく覚えて、(2)年月多く積もりぬれど、心には近きも、返す返すむつかし。

年月の積もりはててもその折の雪のあしたはなほぞ恋しき

山里なるところにありし折、艶《えん》なる有明に起きいでて、前近き透垣《すいがい》に咲きたりし朝顔を、ただ時の間のさかりこそあはれなれとて見しことも、ただ今の心地するを、(3)*人をも、花はげにさこそ思ひけめ、なべてはかなきためしにあらざりけるなど、思ひ続けらるることのみさまざまなり。

身の上をげに知らでこそ朝顔の花をほどなきものと言ひけめ

(『建礼門院右京大夫集』より)

注(*)

人をも、花はげにさこそ思ひけめ＝『拾遺和歌集』の和歌「朝顔を何はかなしと思ひけむ人をも花はさこそ見るらめ」を踏まえた表現。

問一　傍線部(1)で、作者は「山里は雪降り積みて道もなしけふ来む人をあはれとは見む」（『拾遺和歌集』）という和歌の一節を口ずさんでいる。このときの作者の心情を説明せよ。

解答欄：一四・〇㎝×三行

問二　傍線部(2)を、適宜ことばを補いつつ現代語訳せよ。

解答欄：一四・〇㎝×二行

問三　傍線部(3)を、「さこそ」の指示内容を明らかにしつつ現代語訳せよ。

解答欄：一四・〇㎝×二行

二〇二一年度　文系

三　次の文は、『栄花物語』の一節である。関白藤原道隆の息子である伊周《これちか》・隆家兄弟は、道隆の死後、法皇への不敬などの罪に問われ、播磨国・但馬国（いずれも現在の兵庫県）に流罪となった。その後伊周は、重病の母親を見舞うため秘かに播磨から京に戻ったところ、再び捕らえられて今度は筑紫（九州）まで流されることになった。これを読んで、後の問に答えよ。

今は筑紫におはしましつきたるに、そのをりの*大弐は*有国朝臣なり。かくと聞きて、御まうけいみじう仕うまつる。「あはれ、*故殿の御心の、有国を、罪もなく怠ることもなかりしに、あさましう無官にしなさせたまへりしこそ、世に心憂くいみじと思ひしに、有国が恥は*端が端にもあらざりけり。あはれにかたじけなく、思ひもかけぬ方にも越えおはしましたるかな。(1)公の御掟《おきて》よりはさしまして、仕うまつらむとす」など言ひつづけ、よろづ仕うまつるを、人づてに聞かせたまふもいと恥づかしう、なべて世の中さへ憂く思さる。御消息、わが子の*資業《よしなり》して申させたり。「思ひがけぬ方におはしましたるに、京のこともおぼつかなく、驚きながら参るべくさぶらへども、九国《くこく》の守《かみ》にてさぶらふ身なれば、(2)さすがに思ひのままにえまかりありかぬになむ、今までさぶらはぬ。何ごともただ仰せごとになむ従ひ仕うまつるべき。世の中に命長くさぶらひけるは、*わが殿の御末に仕うまつるべきとなむ思ひたまふる」とて、さまざまの物ども、櫃《ひつ》どもに数知らず参らせたれど、(3)これにつけてもすずろはしく思されて、聞き過ぐさせたまふ。そのままにただ*御斎《とき》にて過ごさせたまふ。

かくいふほどに、神無月の二十日余りのほどに、京には母北の方うせたまひぬ。あはれに悲しう思しまどはせたまふ。(4)*二位の命長さ、あはれに見えたり。されどそれはむげに老いはてて、たはやすくも動かねば、ただ*明順《あきのぶ》、道順《みちのぶ》、信順《さねのぶ》などいふ人々、よろづに仕うまつり、*後の御事ども例のさまにはあらで、桜本といふ所にてぞ、さるべき屋作りて、納めたてまつりけり。あはれに悲しともおろかなり。但馬には、夜を昼にて人参りたれば、泣く泣く御衣など染めさせたまふ。筑紫にも人参りにしかど、いかでかはとみに参りつくべきにもあらず。後々の御事ども、さるべくせさせたまふ。

筑紫の道は、今十余日といふにぞ参りつきたりける。あはれ、さればよ、よくこそ見たてまつり見えたてまつりにけれと、今ぞ思されける。御服など奉るとて、

そのをりに着てましものを藤衣*やがてそれこそ別れなりけれ

とぞ独りごちたまひける。

（『栄花物語』より）

注（＊）

大弐＝九州一円を統括する大宰府の、実質的な長官にあたる職名。

有国朝臣＝藤原有国。以前、道隆に嫌われ、さしたる罪もないのに官位を剥奪されたことがあった。

故殿＝藤原道隆。

端が端にもあらざりけり＝まったく取るに足らないものであった、の意。

資業＝有国の息子。

わが殿＝有国がかつて仕えていた、藤原兼家（道隆の父、伊周の祖父）のこと。

御斎＝ここでは、慎み深い生活を送ること。

二位＝「母北の方」の父、高階成忠のこと。

明順、道順、信順＝成忠の息子たち。

後の御事ども例のさまにはあらで＝火葬にせず土葬にしたことをいう。

藤衣＝喪服。

問一　傍線部（1）（2）を、適宜ことばを補いつつ、それぞれ現代語訳せよ。

解答欄：（1）一三・〇cm×二行
（2）一三・〇cm×三行

問二　傍線部（3）は伊周のどのような気持ちをあらわしているか、説明せよ。

解答欄：一四・〇㎝×四行

問三　傍線部（4）はどういうことを言っているか、説明せよ。

解答欄：一四・〇㎝×三行

問四　文中の和歌を、指示語の指すものを明らかにしつつ、現代語訳せよ。

解答欄：一四・〇㎝×三行

二〇二一年度　理系

三　次の文を読んで、後の問に答えよ。

歌詠みは才覚をおぼゆべからず。ただ歌の心をよく心得て解了あるがよきなり。「よく心得て」とはさとる心なり。歌をよく心得たる人は、歌上手にもなるなり。我等は古歌をみる時も、「この歌の心はなにとしたる心ぞ。これは幽玄の歌か、長高体とや云ふべき」などあてがふなり。（1）「ここの詞をば我今詠まば、かくはえ詠むまじきよ」など思ひ侍るなり。上手の歌には、歌ごとに心をつけて案じて心得ぬ所などあらば、人に尋ね問ひ侍るべきなり。会などにあひても、やがて懐紙短冊かいくりて置きて、心得られねどもおけば、（2）我が歌の位のあがることも有るまじきなり。また心得ねども、その人の言はれつれば、「さにこそあんなれ」とて、そのままおく人もあり。此方《こなた》からは「え心得られぬかし」とは申しにくき事なり。了俊の申されしは、歌詠みどもあつまりて、歌をば詠まずして、（3）歌を沙汰あるが第一の稽古なり。また衆議判の歌合に一度もあひぬれば、千度二千度稽古したるよりも重宝なり。たがひに非を沙汰し、是《ぜ》をあらはす故に、「人はさ心得たれども、我はさは心得ず」など云ふ事有るなり。

（『正徹物語』より）

注（＊）
才覚＝知識。
解了＝了解。
幽玄・長高体＝いずれも和歌の歌体を評する言葉。
会＝歌を詠み合う歌会のこと。

懐紙短冊＝歌会で歌を書きつける紙。

了俊＝今川了俊。正徹の和歌の師。

衆議判の歌合＝左右に分かれて歌の優劣を競う歌合の中で、左右から互いに批評し合って判定を行うもの。

問一 傍線部（1）を、適宜ことばを補いつつ、現代語訳せよ。 解答欄：一四・〇cm×二行

問二 傍線部（2）のようになるのはなぜか、説明せよ。 解答欄：一四・〇cm×三行

問三 傍線部（3）について、「歌を沙汰ある」の意味を明らかにしつつ、なぜそれが「第一の稽古」となるのか、本文全体を踏まえて説明せよ。 解答欄：一四・〇cm×三行

二〇二〇年度　文系

三

次の文は、『和泉式部日記』の一節である。恋人を亡くして嘆きの日々を送っている「女」のもとに、「宮」から恋文が贈られるようになった。これを読んで、後の問に答えよ。

かくて、しばしばのたまはする、御返りも時々聞こえさす。つれづれも少しなぐさむ心地して過ぐす。

また御文あり。ことばなど少しこまやかにて、

(1)「語らはばなぐさむこともありやせむ言ふかひなくは思はざらなむ

あはれなる御物語聞こえさせに、暮れにはいかが」とのたまはせたれば、

「なぐさむと聞けば語らまほしけれど身の憂きことぞ言ふかひもなき

(2)生ひたる蘆《あし》にて、かひなくや」と聞こえつ。

思ひかけぬほどに忍びてとおぼして、昼より御心設けして、日頃も御文とりつぎて参らする右近の尉《じょう》なる人を召して、「忍びてものへ行かむ」とのたまはすれば、さなめりと思ひてさぶらふ。

あやしき御車にておはしまいて、「かくなむ」と言はせたまへれば、女いと便なき心地すれど、「なし」と聞こえさすべきにもあらず、昼も御返り聞こえさせつれば、ありながら帰したてまつらむも情けなかるべし、ものばかり聞こえむと思ひて、西の妻戸に*藁座《わらざ》さし出でて入れたてまつるに、(3)世の人の言へばにやあらむ、なべての御さまにはあらずなまめかし。これも心づかひせられて、ものなど聞こゆるほどに月さし出でぬ。「いと明し。(4)古めかしう奥まりたる身なれば、かかるところに居ならはぬを、いとはしたなき心地するに、そのおはするところに据ゑたまへ。よも、先々見たまふらむ人のやうにはあらじ」とのたまへば、「あやし。今宵のみこそ聞こえさすると思ひはべれ。先々はいつかは」な

ど、はかなきことに聞こえなすほどに、夜もやうやうふけぬ。

（『和泉式部日記』より）

注（＊）　菰座＝菰で編んだ敷物。

問一　傍線部（1）の和歌を現代語訳せよ。

解答欄：一四・〇㎝×二行

問二　傍線部（2）の「生ひたる蘆」は、次の和歌の一部を引用したものである。

何事も言はれざりけり身の憂きは生ひたる蘆のねのみ泣かれて（『古今和歌六帖』）

これを踏まえて、傍線部（2）は女のどのような気持ちを伝えようとしたものか、説明せよ。

解答欄：一四・〇㎝×三行

問三　宮の来訪を聞いてから宮を西の妻戸のもとに招き入れるまでの、女の心の動きを説明せよ。

解答欄：一四・〇㎝×四行

問四　傍線部（3）（4）を、適宜ことばを補いつつ、それぞれ現代語訳せよ。

解答欄：（3）一三・〇㎝×二行
（4）一三・〇㎝×三行

二〇二〇年度　理系

三

次の文は、江戸時代の国学者、富士谷御杖《ふじたにみつえ》による随筆の一部である。これを読んで、後の問に答えよ。

　せめてといふ詞、中昔*までは、ただ迫りてといふ心にのみ用ひたり。古今集に、「いとせめて恋しき時はぬばたまの夜の衣をかへしてぞきる」、その外、例ひくにいとまあらず。しかるにその後、いま俗言にいふに同じきせめてをば、歌にもよむこととなりぬ。げに事がらによりては、いはまほしくおぼゆる時々もある詞なるを、(1)いかでかいにしへ人は、この詞なくて事もかかれざりしぞと、心得がたくおぼえしに、万葉集、巻の二に、(2)「妹が家も継ぎて見ましを大和なる大島の嶺《ね》に家もあらましを」といふ歌を見て、はじめて思ひしりぬるは、この妹が家もといふも文字なり。これ即ち後世のせめての心なるなり。その故は、妹がかほの見まほしきが本意なれど、それかなはねば、せめてその家なりとも、継ぎて見ましをとの心なればなり。

　これによりて思へば、ふるくはありて後世はなく、後世はありてふるくはなき詞ども多かるも、よくたづねなば、(3)思ひよらぬ詞もて、その用をなしたる事、たがひにあるべしとぞおぼゆる。なほ精《くは》しくたづぬべきなり。

（『北辺随筆』より）

注（＊）　中昔＝ここでは平安時代ごろを指す。

問一　傍線部(1)を、「この詞」の指す内容を明らかにしつつ現代語訳せよ。

解答欄：一四・〇㎝×二行

問二　傍線部（2）はどういう気持ちを述べたものか、筆者の解釈にしたがって説明せよ。

解答欄：一四・〇㎝×三行

問三　傍線部（3）はどういうことか、説明せよ。

解答欄：一四・〇㎝×四行

二〇一九年度　文系

三

次の文は、江戸時代後期の国学者、藤井高尚が記したものである。これを読んで、後の問に答えよ。

*俊恵法師は、ただ歌をば、をさなかれといへり。この人、歌の情《こころ》をよくしれるなり。をさなき人は思ふ情ひとへにふかく、おろかなる事をぞいふ。歌の情もさやうなればなり。

*山部の大人《うし》の歌に、

ふじのねにふりおける雪はみな月の望《もち》に消《け》ぬればその夜ふりけり

とよまれしも、(1)おろかなる情をいはれたるなり。さるからにいといとあはれふかくきこゆ。この歌は、ふじの雪のとことはに消《き》えぬ事をいへるなり。(2)それを「みな月の望にも消えぬふじのしら雪」とよみたらんには、かいなでの歌よみなるべし。「望に消ぬれば」といへるなん、いひしらずをかしき。今この歌の情を考ふるに、ふじの雪の常に消えぬを見て、いみじき高山なれば、寒くて消えざることわりはしらぬをさなきこころになりて、なべての雪といふものは、ふりては消え、消えてはふれば、ふじの雪もかならずさやうならんに、消えしをりの見えぬはあやしと、しばしながめやすらひて思ひえたり。ふじはいみじき高山なれば、雪も消えがてにして、こと所とはことなるべし。この山にふりおける雪は、みな月の望のあつささかりのかぎりに消えて、その夜ふりけり。(3)さるからに消えしをりの見えぬにこそと、あらぬ事をいへる歌にて、いといとあはれふかきなり。まことに歌の情は、かくこそあらまほしけれ。をかしともをかしく、めでたしともめでたく、世々の歌よみのさらにおよびがたき所なり。赤人は*人麻呂の下《しも》にたたんことかたしとも、歌にあやしくたへなりともいはれつる*貫之主《ぬし》は、歌のさまをよくしられたる人なりとぞ思ひしられける。さるを万葉集のむかし今の注*さくどもに、(4)この「望に消ぬれば」の歌を、ふじの雪はまことにみな月の望に消えて、その夜ふるもののやうにこころえて、こともなげに説《と》けるは、むげに歌の情を見しらぬ説《ときごと》なりけり。まことにさやうならんには、山部の大人のとも思はれぬつたなきただこと歌なり。雪の消ゆばかりあつからんに、いかでかその夜ふるべき。さはあらぬ事を思ひいふが、あはれなる歌の情なり。それを見しらぬは、(5)いにしへのよき歌のさまをたふとびしたはざるゆゑに、心のおよばぬにぞありける。さやうに古歌をなほざりに見過ぐしては、すべて柿本、山部のふたりの大人の歌のあはれなる情のふかき事は、さらにしられじ。この大人たちのこころをえて、つらつら思へば、歌もて道々しき事いふは、いみじきひがことなりけり。道々しきことは、文にかきてこそいふべけれ。いにしへよりよき歌には、おのがこころえがほなる事、たけき*こころなどを、さらにいはざるも、人のあはれと思ふべくよむが歌なればなり。

（『三のしるべ』より）


注（＊）　俊恵法師＝平安時代末期の歌人。源俊頼の子。

山部の大人の歌＝「山部の大人」は山部赤人。「大人」はその人を敬っていう語。この歌は『万葉集』に出ている。

人麻呂＝柿本人麻呂。

貫之主＝紀貫之。「主」はその人を敬っていう語。『古今和歌集』の「仮名序」で山部赤人、柿本人麻呂らについての批評をしている。

注さく＝注釈書。

たけき＝ここでは、自分が利口だと誇るさま。

問一　傍線部⑴はどういう「情」か、説明せよ。　解答欄：一四・〇㎝×二行

問二　傍線部⑵について、指示語の内容を明らかにして現代語訳せよ（「みな月の望にも消えぬふじのしら雪」も現代語訳すること）。　解答欄：一四・〇㎝×三行

問三　傍線部⑶について、「さるからに」の内容を明らかにして現代語訳せよ。　解答欄：一四・〇㎝×三行

問四　傍線部⑷について、筆者は何を問題視しているのか、説明せよ。　解答欄：一四・〇㎝×二行

問五　傍線部⑸について、筆者は「いにしへのよき歌」とはどのようなものだと考えているのか、本文全体を踏まえて説明せよ。　解答欄：一四・〇㎝×四行

二〇一九年度　理系

三　次の文は、実母に先立たれた姫君が継母に疎まれ、姉妹たちの世話をさせられるなど、つらい日々を送っていた頃の様子を述べたものである。これを読んで、後の問に答えよ。

八月一日頃なるべし。君ひとり臥《ふ》し、寝《い》も寝《ね》られぬままに、「母君、我を迎へたまへ」と、「わびし」と言ひつつ、

(1)我につゆあはれをかけば立ち帰り共にを*消えよ憂き離れなむ

心なぐさめに言ひがひなし。つとめて、物語してのついでに、「*これがかく申すは、いかがし侍らむ。かくてのみは、いかがは、し果てさせたまはむ」と言ふに、いらへもせず。わづらひてゐたるほどに、「*三の君の*御手水《てうづ》参れ」とて召さるれば、立ちぬ。心のうちには、(2)とありともかかりとも、よきことはありなむや、女親《めおや》のおはせぬに、幸ひなき身と知りて、いかで死なむと思ふ心深し。(3)尼になりても、殿の内離るまじければ、ただ消え失せなむわざもがなと思ほす。

（『落窪物語』より）

注（＊）　を＝強意の間投助詞。

これがかく申すは＝姫君に仕える侍女あこきの言葉。「これ」はあこきの恋人である帯刀《たちはき》のこと。「かく申す」は、帯刀の主人である少将が姫君と結婚したがっていることを、あこきに伝えたことを指す。

三の君＝継母の実の娘で、姫君の姉妹にあたる。

御手水参れ＝手を洗う水を差し上げなさい。

問一　文中の和歌は、姫君が亡くなった実母に呼びかけたものである。そのことを踏まえて、傍線部(1)を現代語訳せよ。

解答欄：一四・〇㎝×二行

問二　傍線部(2)はどういうことを言っているのか、説明せよ。

解答欄：一四・〇㎝×二行

問三　傍線部(3)を現代語訳せよ。

解答欄：一四・〇㎝×三行

二〇一八年度　文系

三

次の文を読んで、後の問に答えよ。

やまと歌は、あめつちいまだひらけざるより、そのことわりおのづからあり。人のしわざさだまりてのち、この道つひにあらはれたり。世をほめ時をそしる、雲風につけて心ざしをのぶ。喜びにあひ憂へにむかふ、花鳥をもてあそびて思ひをうごかす。ことばかすかにしてむねふかし、まことに人の心をただしつべし。下ををしへ上をいさむ、すなはちまつりごとの本となる。

しかるを、(1)世くだり道おとろへゆきしより、いたづらに色を好むなかだちとなりて、国ををさむるわざをしらず。いはむやまた近き世となりて、四方《よも》のことわざすたれ、まこと少なくいつはり多くなりにければ、(2)ひとへにかざれる姿、たくみなる心ばせをむねとして、いにしへの風は残らず。あるいはふるきことばをぬすみ、いつはれるさまをつくろひなして、さらにそのもとにまどふ。また心を先とすとのみしりて、ひなびたる姿、だみ*たることの葉にておもひえたる心ばかりをいひあらはす。ただしき心、すなほなることばはいにしへの道なり、まことにこれをとるべしといへども、ことわりにまよひてしひてまなばば、すなはちいやしき姿となりなむ。艶なる体、たくみなる心、優ならざるにあらず、もし本意をわすれてみだりに好まば、この道ひとへにすたれぬべし。かれもこれもたがひにまよひて、いにしへの道にはあらず。あるいは(3)姿たかからむとすればその心たらず、ことばこまやかなればそのさまいやし。艶なるははれすぎ*、強きはなつかしからず。すべてこれをいふに、そのことわりしげき、ことの葉にて述べつくしがたし。むねをえてみづからさとりなむ。

（『風雅和歌集』仮名序より）

注（＊）　だみたる＝訛《なま》った。
　たはれすぎ＝軟弱となりすぎ。

問一　傍線部(1)〜(3)を、ことばを補いつつ現代語訳せよ。　解答欄：各一三・〇㎝×三行

問二　波線部について、何が、どのようにして、「まつりごとの本となる」のか説明せよ。　解答欄：一四・〇㎝×三行

問三　『風雅和歌集』には右の仮名序の他に漢文で書かれた真名序があり、内容がおおむね対応している。その真名序の一節に、「窃㆓古語㆒仮㆓艶詞㆒、修飾而成㆑之、還暗㆓乎大本㆒」とあるが、これはどういう意味か。仮名序の対応する箇所を参考にして説明せよ。　解答欄：一四・〇㎝×二行

二〇一八年度　理系

三

次の文は、肥後国八代《やつしろ》城主、加藤正方に仕えた西山宗因が著したものである。寛永九年（一六三二）五月、正方の主君であった肥後国熊本藩主の改易処分に伴い、宗因は正方ともども流浪の身となった。これを読んで、後の問に答えよ。

抑《そもそも》この肥後の国をたもちはじめ給ひし年月を数ふれば、四十年あまり、二代*の管領にていまそがりければ、たけきもののふも恩沢のあつきになつき、(1)あやしの民の草葉も徳風のかうばしきになびきて、家とみ国さかえたるたのみをうしなひてより、所なげにまどひあへる事、ことわりにも過ぎたり。数ならぬ身もたのみし人*に伴ひて、東がた武蔵の国までさすらへありきて、ことし文月のころ都へ帰りのぼりても、なほ住みなれし国の事は忘れがたく、親はらから恋しき人おほくて、とぶらひがてらまかりくだりしに、(2)こぞことしのうさつらさ、たがひに言葉もなし。かくてしばらくありて、また京のかたへと思ひ立つに、老いたる親、古き友などしたひとどめて、まづしき世をもおなじ所にありてかたみに力をも添へむなど、さまざまにいふを、ふりすてがたくは侍りつれど、(3)とどまるべきよすがもなく、行く末とてもさだめたる事もなけれど、しらぬ里は身をはづることもあらじなど思ひさだめて、長月の末つ方、秋の別れとともに立ち出で侍る。

（『肥後道記』より）

注（*）　二代の管領にていまそがりければ＝加藤清正、忠広の父子二代にわたって肥後国熊本藩主であったということ。
　　たのみし人＝加藤正方を指す。

問一　傍線部（1）を、比喩を明らかにしつつ現代語訳せよ。

問二　傍線部（2）はどのようなことを言っているのか、説明せよ。

問三　傍線部（3）を現代語訳せよ。

解答欄：一四・〇㎝×二行

解答欄：一四・〇㎝×四行

解答欄：一四・〇㎝×四行

二〇一七年度　文系

三

次の文を読んで、後の問に答えよ。

宋人晁冲之《てうちゆうし》が「暁行」の詩「老イ去リテ功名ノ意転《うたた》疎ナリ、独リ騎《の》リテ二瘦馬ニ一取ル二長途ヲ一、孤村到レ暁猶灯火、知有二人家夜読レ書」、いともいとも感慨ふかき作なり。わかき時より書をよみ学問して、あはれ国家の用に立たんと、意を奮ひて心ざしけるに、(1)とかく運つたなく不遇にして、させる功名も成し得ず、いたづらに老いおとろふるに随ひて、(2)いとど其意も切ならずなりぬ。折角《せつかく》にしこみたる学術は、むなしく持ちぐさらしになりけり。遂《つひ》には軽き田舎役人となりさがりて、はるばると遠国へたどり下る。よき馬も養ひ得ざれば、*小荷駄《こにだ》同様の物にのりゆく、あはれに浅ましき境涯なりけり。ここに暁を侵して駅程をゆくに、路傍の村舎にものおとして、ともし火の見ゆるは、よもすがら書をよむ人ありと覚ゆ。いかなる人のむすこやらん、奇特殊勝なる心ざしにはあれど、いたはしく気の毒なる事なりと、(3)我身のむかしに感じて、その行末をあはれみいとほしむなり。古今集に凡河内躬恒「ものおもひける時、いときなき子を見てよめる。今さらになに生《お》ひ出づらん竹の子のうきふししげき世とはしらずや」。全く此篇と同一感慨なり。

（津阪東陽『夜航余話』より）

注（＊）　小荷駄＝荷物を運ぶ駄馬。

問一　傍線部(1)を現代語訳せよ。

問二　傍線部(2)を、言葉を補いつつ、現代語訳せよ。

問三　傍線部(3)はどのようなことを言っているのか、説明せよ。

問四　波線部を現代語訳せよ。

問五　凡河内躬恒の和歌を現代語訳せよ。

解答欄：一四・一cm×二行

解答欄：一四・一cm×二行

解答欄：一四・一cm×四行

解答欄：一四・一cm×二行

解答欄：一四・一cm×三行

二〇一七年度　理系

三　次の文は、幕末の歌人中島広足が、親しい知人たちに次々と先立たれたことを述べた文章の末尾の部分である。これを読んで、後の問に答えよ。

敦化《あつのり》は、おのれに二つばかりおとれる齢《よはひ》なりき。四とせばかりさきより、病ひの床に臥《ふ》ししかど、(1)をりをりはおこたりざまにもありしかば、さりともつひにはさはやぎはてむとのみ思ひわたりき。この睦月のはじめつかたは、ことに心地もさはやかにおぼえしにや、

この春は霞とともに立ちいでて野にも山にも杖をひかまし　…A

とよみておこせたるに、やがてこれより、

いつよりもうれしかりけり野に山にともにあそばむ春ぞと思へば

と言ひおくりしも昨日の事ぞかし。弥生のはじめより、にはかにあつしくなりて、十二日になむ、ながき別れの人とはなりぬる。

思ひきや春の霞の立ち別れ死出の山路に杖ひかむとは　…B

とぞうちなげかれし。(2)なほ人々の別れにも、あと弔《と》ふをりをりにも、よみ出づるおのれが歌はあまたあれど、何かさのみはとて。

（中島広足『海人のくぐつ』より）

問一　傍線部(1)を現代語訳せよ。

問二　傍線部(2)はどのようなことを言っているか、説明せよ。

問三　Bの和歌はどのようなことを言っているか、Aの敦化の和歌を踏まえて説明せよ。

解答欄：一四・一㎝×三行

解答欄：一四・一㎝×三行

解答欄：一四・一㎝×四行

二〇一六年度　文系

三

次の文を読んで、後の問に答えよ。

昔、をとこ有けり。(1)恨むる人を恨みて、

A　*鳥の子を十《とを》づつ十は重《かさ》ぬとも思はぬ人を思ふものかは

といへりければ、

また、をとこ、

B　朝露は消えのこりてもありぬべし誰《たれ》かこの世を頼《たの》みはつべき

また、をとこ、

C　(2)吹く風に去年《こぞ》の桜は散らずともあな頼みがた人の心は

また、女、返し、

D　(3)行く水に数《かず》かくよりもはかなきは思はぬ人を思ふなりけり

また、をとこ、

E　行く水と過ぐる齢《よはひ》と散る花といづれ待ててふことを聞くらん

*あだくらべかたみにしけるをとこ女の、忍びありきしけることなるべし。

（『伊勢物語』より）

注（＊）　鳥の子を十づつ十＝鶏の卵を百個。

あだくらべ＝相手を浮気ものだと言い合うこと。

問一　傍線部(1)について、江戸時代の学者契沖《けいちゅう》の『勢語臆断《せいごおくだん》』という『伊勢物語』の注釈書は、「恨むまじきに恨むる人を、こなたよりまた恨むるなり」と解説している。それを参考にして、この傍線部の意味をわかりやすく説明せよ。

解答欄：一四・〇㎝×二行

問二　Aの歌の「鳥の子を十づつ十は重ぬとも」という表現は、次の中国の説話に基づくものとされる。晋の霊公が九層の台（高層の建物）を築こうとしたところ、孫息が、盤上遊戯の駒と卵を用いて諫め、それを中止させた話である。

孫息曰《ハク》、「臣能《ク》累《かさネ》二十二《ノ》棋《ヲ》一、加《フト》二九鶏子《ヲ》其《ノ》上《ニ》一」。公曰《ハク》、「吾少《ナク》レ学《ブコト》、未《ダ》二嘗《テ》見《ル》一也。子為《ニ》二寡人《ノ》一作《セト》レ之《ヲ》」。孫息即《チ》正《シ》二顔色《ヲ》一、定《メ》二志意《ヲ》一、以《テ》二棋子《ヲ》一置《キ》レ下《ニ》、加《フ》二鶏子《ヲ》其《ノ》上《ニ》一。左右慴《せふ》息《そくシ》、霊公俯伏《シテ》、気息不レ続《カ》。公曰《ハク》、「危《フキ》哉《ト》」。孫息曰《ハク》、「公為《つくり》二九層之台《ヲ》一、三年不レ成《ラ》。危《フキコト》甚《ダシト》二於此《ヨリモ》一」。

（『説苑』より）

注＝「慴息」は怖くて息をつめること。

卵を積みあげるという行いは同じであるが、この説話とAの歌とではその意味、捉え方が異なっている。その違いに言及しながら、Aの歌がどのようなことを言っているのか、わかりやすく説明せよ。

解答欄：一四・〇㎝×四行

問三　Bの歌について、『勢語臆断』は、

消え残るまじき朝露は、なほ残りても有ぬべし。誰かあだなる世の人の心を、後までかはらであらんとたのみはつべきとなり。

と解説している。この解説の文章を現代語訳せよ。

解答欄：一四・〇㎝×三行

問四　傍線部(2)と傍線部(3)を、それぞれその比喩の意味が明らかになるように言葉を補いつつ、現代語訳せよ。

解答欄：各一三・〇㎝×二行

問五　Eの歌を現代語訳せよ。

解答欄：一四・〇㎝×二行

二〇一六年度　理系

三

次の文は、狂言の教訓書の一部である。これを読んで、後の問に答えよ。

昔人の云く、万《よろづ》のこと草を見るに、浅きに深きことあり。深きと思ふに浅きことあり。いづれも心をとめて見聞けば面白きことのみなり。業平*の歌は心余りて言葉足らずと言へるにて知るべし。(1)いづれ筆に及ばざること多し。心に入れてみるならば、言置きしことよりよきこともありぬべしや。

兵法の習ひに、大敵を小敵と心得、小敵を大敵と思ふべしとなり。その如く、(2)この道も稽古を晴《はれ》とし、晴を稽古にすべしと言へること同じ。かりそめに稽古するとも、いかにも慎み、貴人高人の前と思ひ、うやまひて大事にすべし。さて舞台へ出ては前の心を忘れ、やすくすべしとぞ。大敵ある者は彼に勝たんことを思ひ、嗜《たしな》むものなれど、敵なき者は油断して必ず不嗜みになる。その時我を相手にして、我に勝たんことを思ふべし。(3)これむつかしき敵なり。君子はその独りを慎むとかや。必ずめやすき所にけがあり。油断強敵《がうてき》也。

（『わらんべ草』より）

注（＊）　業平の歌は心余りて言葉足らずと言へる＝『古今和歌集』仮名序に、在原業平の歌を評して「その心余りて言葉足らず」とあることをいう。

問一　傍線部(1)を現代語訳せよ。　解答欄：一四・〇㎝×二行

問二　傍線部(2)(3)はどのようなことを言っているのか、それぞれ説明せよ。　解答欄：各一三・〇㎝×三行

二〇一五年度 文系

三 次の文は、『うつほ物語』の一節である。右大臣 橘《たちばなの》千蔭《ちかげ》の妻は、忠こそという幼い男児を残して亡くなった。同じ頃、左大臣も亡くなり、左大臣の北の方（女君）は千蔭との再婚を切望するようになった。これを読んで、後の問に答えよ。

女君は、かく思ひて、山々寺々に修法行ひ、仏神に大願を立てたまへど、しるしなし。北の方、おほかたは神仏にも申さじ、この人に我かく思ふと言はむ、我、人のかしづく娘にもあらず、妻《め》にもあらず、さらばこそまばゆくもあらめ、(1)これを放ちて、妻なき人のよろしきはいづこにかあらむ、恥を捨てて言ひ出でむと思して、かの*おとどの御乳主《ちぬし》の娘、あやきとて、めでたくかたちある童を使ひたまふ、それにありがたき装束をせさせて、かく聞こえて奉りたまふ。

「ここのみや*浅茅《あさぢ》繁きと思へどもまた*葎《むぐら》生《お》ほす宿もありとか

同じくは、同じ野にや思し召したまはぬ」とて、をかしき浅茅に御文さしたり。さて奉れたまふ。

あやき、千蔭の御殿に参りて、門《かど》に立てり。殿の人見つけて、「あやしく清らなる童かな」と見て、「いづくよりぞ」と問ふ。あやき、「左の大殿より」と答ふ。おどろきて御文を取り入れて見たまふ。あやしく、いかに思ほしてのたまふならむ、(2)世の人と思して、一人あればのたまふにやあらむと思ほして、長き葎を折らせて、御返し、

人はい*さかれじとぞ思ふ頼め*置きて露の消えにし宿の葎は

とて奉りたまふ。

これよりうちはじめて、女はをかしきこともあはれなることも聞こえたまひつつ、「恥見せたまふな」と聞こえたまへば、やむごとなき人のせちにのたまふを、聞き過ぐしてやみなば、情けなきやうにもあり、人の御恥にもあり、さり

とて、昔を忘ればこそあらめ、時々は通ひてまうでむかしと思して、まうで通ひたまふに、男はただ今三十余、女は五十余ばかりなり。よきほどなる親子ばかりなる中にも、千蔭のおとどは、忠こその母君よりほかに、女二人と見たまはず、かたち清らにらうらうじく*、年若きを見たまひて、固かるべき契りをして経たまひしほどに別れたまひしかば、いかならむ世に、おぼえたまへらむ人*をだに見むと、吹く風、降る雨の脚にだにつけて嘆きわたりたまふほどに、心にもあらぬ人の、年老い、かたち醜きを見たまへば、(3)いとど昔のみ思ひ出でられて、まれにものしたまひては、心解けたることもなくてあれども、北の方は財《たから》を尽くして労りたまふこと限りなし。

（『うつほ物語』より）

注（＊）　かのおとどの御乳主＝亡くなった左大臣の乳母。
浅茅・葎＝いずれも雑草の名前。
かれじ＝「枯れじ」と「離れじ」との掛詞。
頼め置きて＝千蔭の妻が亡くなる間際、忠こその養育を頼むと遺言したことをいう。
らうらうじく＝上品な美しさをいう語。
おぼえたまへらむ人＝似ていらっしゃる人。

問一　傍線部(1)～(3)を、主語や指示語の内容を明らかにしつつ、現代語訳せよ。

解答欄：(1)・(2)各一三・〇㎝×二行
(3)一三・〇㎝×三行

問二　波線部はどのようなことを言っているのか、直前の和歌の内容を踏まえて説明せよ。

解答欄：一四・〇㎝×四行

問三　はじめ再婚に乗り気でなかった千蔭が、左大臣の北の方のもとに通うようになったのはなぜか、説明せよ。

解答欄：一四・〇㎝×四行

二〇一五年度　理系

三

次の文を読んで、後の問に答えよ。

今は昔、中ごろの事にや、貧しく落ちぶれたる人、*身のたづきなきままに、似げなく、もの情けなげなる男の妻《め》となりて、片田舎に住み侍るが、この女、顔かたち美しく、何事につけても拙からず、琵琶、琴弾き、*草紙、歌のみ心深く、世の事わざや後れたりけん、かの夷《えびす》男、さらに心あはずとて、(1)立ち去らんとす。されどこの女、人憎からず、うるはしきさまなりければ、(2)言ひ出づべき言の葉なくて、いかなる疵《きず》をか求め出でんと、折節を待ちゐたるに、風うち吹き、門田の稲葉そよめきあひて、もの寂しき夕つ方、「この稲葉につけて、よからん歌詠み給へ。さらずは添ひたてまつらじ」と言へば、女いと恨めしく恥づかしと思ひて、顔うち赤めて、

穂に出でて*いねとや人の思ふらん*つれなの*我や*あきを見るから

と詠みたりければ、男いとかなしく思ひて、いささか事とのはざるをも思ひ忍び、長き縁《よすが》となり果てけるとかや。されば、男女の媒《なかだち》ともなりぬるは、ただこの大和歌なりとぞ。

（『雑々集』より）

注（＊）　身のたづき＝生活の手段。
草紙＝和歌や物語を記した書物。
いね＝「稲」と「去ね」との掛詞。

つれな＝形容詞「つれなし」の語幹。ここでは、素知らぬふうである様をいう。
あき＝「秋」と「飽き」との掛詞。
から＝ここでは逆接的な含意がある。

問一　傍線部(1)のように男が思った理由を説明せよ。　解答欄：一四・〇㎝×三行

問二　傍線部(2)を、文意が明らかになるように、ことばを補って現代語訳せよ。　解答欄：一四・〇㎝×二行

問三　和歌の第四句「つれなの我や」は、女のどのような気持ちを言ったものか、和歌全体を踏まえて説明せよ。　解答欄：一四・〇㎝×四行

二〇一四年度　文系

三

次の文は、『とはずがたり』の一節である。作者の二条は、幼時より後深草院の御所に仕え、成人して院の寵愛を受けるようになった。ところがある日、親族より、「自分の部屋をすっかり片付けて、御所から退出せよ」という手紙が届く。わけがわからない二条は、院に手紙を見せて尋ねるが、院は何も答えなかった。以下は、それに続く場面である。これを読んで、後の問に答えよ。

されば とて、出でじと言ふべきにあらねば、出でなむとするしたためをするに、四つといひける長月のころより参り初めて、(1)時々の里居《さとゐ》のほどだに心もとなくおぼえつる御所の内、今日や限りと思へば、よろづの草木も目とどまらぬもなく、涙にくれてはべるに、をりふし*恨みの人参る音して、「*下のほどか」と言はるるもあはれに悲しければ、ちとさし出でたるに、泣き濡らしたる袖の色もよそにしるかりけるにや、「いかなることぞ」など尋ねらるるも、「*問ふにつらさ」とかやおぼえて、(2)物も言はれねば、今朝の文取り出でて、「これが心細くて」とばかりにて、こなたへ入れて泣き居たるに、「されば、何としたることぞ」と、誰も心得ず。

おとなしき女房たちなどもとぶらひ仰せらるれども、知りたりけることがなきままには、ただ泣くよりほかのことなくて、暮れゆけば、(3)御所ざまの御気色なればこそかかるらめに、またさし出でむも恐れある心地すれども、(4)今より後はいかにしてかと思へば、今は限りの御面影も今一度見まゐらせむと思ふばかりに、迷ひ出でて御前に参りたれば、御前には公卿二三人ばかりして、何となき御物語のほどなり。

*練薄物《ねりうすもの》の生絹《すずし》の衣に、薄《すすき》に*葛《つづら》を青き糸にて縫ひ物にしたるに、赤色の唐衣《からぎぬ》を着たりしに、きと御覧じおこせて、「今宵はいかに、御出でか」と仰せ言あり。何と申すべき言の葉なくてさぶらふに、「*くる山人の便りには訪れむとにや。

青葛こそうれしくもなけれ」とばかり御口ずさみつつ、女院の御方へなりぬるにや、立たせおはしましぬるは、(5)いかでか御恨めしくも思ひまゐらせざらむ。

（『とはずがたり』より）


注（＊）　恨みの人＝西園寺実兼《さねかね》のこと。もともと二条と親しい仲だが、このころ行き違いがあって、二条を恨んでいた。

下のほどか＝自分の部屋に下がっておられますか。

問ふにつらさ＝「忘れてもあるべきものをなかなかに問ふにつらさを思ひ出でつる」（『続古今和歌集』）、「吹く風も問ふにつらさのまさるかななぐさめかぬる秋の山里」（同）などの和歌に由来し、慣用句のように用いられた表現。

練薄物の生絹の衣＝絹糸で織った薄い衣。

葛＝蔓《つる》を伸ばして生長する植物。

くる＝「来る」と、「葛」の縁語である「繰る」との掛詞。

問一　傍線部(1)を現代語訳せよ。　解答欄：一四・〇㎝×二行

問二　傍線部(2)における二条の心情を説明せよ。　解答欄：一四・〇㎝×三行

問三　傍線部(3)〜(5)を、それぞれ文意が明らかになるように、ことばを補って現代語訳せよ。　解答欄：各一三・〇㎝×二行

二〇一四年度　理系

三　次の甲と乙とは、猿丸大夫の歌「奥山に紅葉踏み分け鳴く鹿の声聞く時ぞ秋は悲しき」について書かれた文章である。これを読んで、後の問に答えよ。

甲

この鹿に心なほあり。春夏などの草木茂り、隠れ所の多き時は、野にも山にも里にも起き臥して(1)己が栄華のままなり。秋暮れ、草木も枯れ行くまま、次第次第に山近く行くに、なほここも蔭なくなれば山の奥をたのみ入るに、また蔭なければ木の葉を踏み分け、露、時雨に濡れて鳴く鹿の心、おして知るべし。今はいづくに行きて身を隠す方あらんと哀れに聞こゆるなり。

（『百人一首聞書』より）

乙

この歌は、(2)秋のあはれも常の家に居てはさのみ悲しとは思はず、家を出でて奥山に分け入り、紅葉の落ち葉を踏み分け、いと哀れなる折しも、妻恋ふ鹿の声を聞く時こそ、はじめて秋の悲しさを知るとなり。総じて、うれしき事もかなしき事も、その所へ深く入りて見ざる時は、感通はなきものなり。

（小倉無隣『牛の涎』より）

問一　傍線部（1）（2）の意味を記せ。

解答欄：（1）一三・〇㎝×一行
（2）一三・〇㎝×二行

問二　乙はこの歌から一つの教訓を引き出している。それはどのような教訓か、説明せよ。

解答欄：一四・〇㎝×三行

問三　甲と乙とでは、この歌について解釈の異なる点がいくつかある。そのうち、最も大きな相違はどこにあるか、説明せよ。

解答欄：一四・〇㎝×三行

二〇一三年度　文系

三　次の文は、『源氏物語』宿木巻の一節である。中の君（女君）を妻としていた匂宮（宮）は、時の権力者である右大臣（右大殿《みぎのおほいどの》）の娘との縁談を断り切れず、しぶしぶながら承諾した。その婚儀は八月十六日の夜に予定されている。これを読んで、後の問に答えよ。

右大殿には、六条院の東の御殿《おとど》磨きしつらひて、限りなくよろづをととのへて待ちきこえたまふに、十六日の月やうやうさし上がるまで心もとなければ、「いとしも御心に入らぬことにて、いかならん」と安からず思ほして、*案内したまへば、「この夕つ方内裏《うち》より出でたまひて、*二条院になんおはしますなる」と人申す。(1)思《おぼ》す人持《も》たまへればと心やましけれど、今宵過ぎんも人笑へなるべければ、御子の頭中将して聞こえたまへり。

大空の月だにやどるわが宿に待つ宵すぎて見えぬ君かな

宮は、「なかなか*今なんとも見えじ、心苦し」と思して、内裏におはしけるを、*御文聞こえたまへりける、*御返りやいかがありけん、なほいとあはれに思されければ、忍びて渡りたまへりけるなりけり。らうたげなるありさまを見棄てて出づべき心地もせず、Aいとほしければ、よろづに契り慰めて、もろともに月をながめておはするほどなりけり。女君は、日ごろもよろづに思ふこと多かれど、(2)いかで気色に出ださじと念じ返しつつ、つれなく冷《さ》ましたまふことなれば、ことに*聞きもとどめぬさまに、*おほどかにもてなしておはする気色いとあはれなり。

中将の参りたまへるを聞きたまひて、さすがにかれもBいとほしければ、出でたまはんとて、(3)「今いととく参り来ん。ひとり月な見たまひそ。心そらなればいと苦し」と聞こえおきたまひて、なほかたはらいたければ、隠れの方より寝殿へ渡りたまふ。御後手《うしろで》を見送るに、ともかくも思はねど、ただ枕の浮きぬべき心地すれば、「心憂きものは人の心なりけり」と我ながら思ひ知らる。

（『源氏物語』より）

注（＊）　案内したまへば＝右大臣が人を遣わして匂宮の様子を探らせなさったところ。
二条院＝匂宮が中の君と共に住んでいる屋敷。
今なんとも見えじ＝今日が婚儀の日であると、中の君に知られないようにしよう。
御文＝匂宮から中の君へのお手紙。
御返りやいかがありけん＝中の君からのお返事はどのようであったのだろうか。語り手の推測。
聞きもとどめぬさま＝匂宮の縁談を気にもとめない様子。
おほどかに＝おっとりと。

問一　傍線部(1)を、主語を明らかにして現代語訳せよ。

解答欄：一四・〇㎝×二行

問二　傍線部(2)(3)を現代語訳せよ。

解答欄：(2)一三・〇㎝×二行
(3)一三・〇㎝×三行

問三　傍線部A・Bは、いずれも匂宮の気持ちを述べたものである。それぞれどのような気持ちか、説明せよ。

解答欄：一四・〇㎝×四行

問四　波線部における中の君の心理を説明せよ。

解答欄：一四・〇㎝×五行

二〇一三年度　理系

三

次の文を読んで、後の問に答えよ。

(1)同じ人の説《ときごと》の、こことかしことゆきちがひてひとしからざるは、いづれによるべきぞとまどはしくて、大かたその人の説、すべてうきたるここちのせらるる、そは一わたりはさる事なれども、(2)なほさしもあらず。はじめより終はりまで説のかはれる事なきは、なかなかにをかしからぬかたもあるぞかし。はじめに定めおきつる事の、ほどへて後にまた異なるよき考への出で来るは、つねにある事なれば、はじめとかはれる事あるこそよけれ。年をへて学問すすみゆけば、説は必ずかはらでかなはず。またおのがはじめの誤りを後にしりながらは、つつみかくさできよく改めたるも、いとよき事なり。殊にわが古学*の道は近きほどよりひらけそめつる事なれば、すみやかにことごとくは考へつくすべきにあらず。人をへ年をへてこそ、つぎつぎに明らかにはなりゆくべきわざなれば、一人の説の中にもさきなると後なると異なる事は、もとよりあらではえあらぬわざなり。そは一人の生《いき》のかぎりのほどにも、つぎつぎに明らかになりゆくなり。さればそのさきのと後のとの中には、後の方をぞその人のさだまれる説とはすべかりける。但しまた、みづからこそはじめのをばわろしと思ひて改めつれ、また後に人の見るには、なほはじめのかたよろしくて後のはなかなかにわろきもなきにあらざれば、(3)とにかくにえらびは見む人の心になむ。

（本居宣長『玉勝間』より）

注（＊）　古学＝国学。日本の古典を研究して古代の精神を明らかにしようとする学問。

問一　傍線部（1）を現代語訳せよ。

問二　傍線部（2）のようにいうのはなぜか、説明せよ。

問三　傍線部（3）はどういうことか、説明せよ。

解答欄：一四・〇㎝×四行

解答欄：一四・〇㎝×四行

解答欄：一四・〇㎝×三行

二〇一二年度　文系

三

次の文を読んで、後の問に答えよ。

春の夜の夢ばかりなる手枕にかひなくたたん名こそ惜しけれ　　周防内侍

『千載集』雑上、「きさらぎばかり月のあかき夜、二条院にて人々あまたゐあかして物語などし侍りけるに、内侍周防よりふして、枕もがなと忍びやかにいふを聞きて、大納言忠家、これを枕にとて、かひなを御簾の下よりさし入れて侍りければ、よみ侍りける」とあり。此の春の夜の夢の間ばかりかはさん手枕にたつらん名は其のかひあらじ。さるあだし名はいとも世にこそ惜しけれと、いなめる方によめる也。さて「かひなく」に肘《かひな》をかくしていへり。忠家卿の返し、

「契有りて春の夜ふかき手枕をいかがかひなき夢になすべき」とあり。

こは(1)語らひ更かしてうち眠らるるわりなさを、こなたどち寄りかかりてうちささやけるを、忠家卿の御座《おまし》、かの御簾のほとりなれば、早く聞きとりて、「其の枕まゐらせんや、是《これ》をだに」とて、肘をさし入れられし也。(2)みそかなるうちとけごとを聞きあらはしたるを、したりがほなる座興也。寝《ぬ》るにあかぬ若女房の春夜のまどひ見るここちす。さて其の座興をすかさず恋のうへにとりなして、「春の夜の夢ばかりなる」云々と負惜しみによみ出せるがかへりてをかしう、歌がらさへなつかしきには、(3)よその眠も覚めつべし。しかいはれて後に、「いかがかひなき夢になすべき」などかなたざまの返しせられたるは、中々おそしといふべき也。

『初学』*に、「此の歌、かひなをとて指し入れたるに、其の詞をうけてとみにいひなしたるに興はある也」といへるは非也。何ぞさばかりのみを興とせん。こはさらぬ戯《あざ》れを恋にとりなしたるが面白き也。肘をよみ入れたるもさすがにをかしきものから、又何ばかりにもあらぬ事也。また詞書に「かひなを」云々といへるは、撰者*の詞也。かの卿うちつけに「此のかひなを」といはれたるには非ず。「これを」とてさし入れたるが即ち肘なれば、歌に「かひなく」といへるのみ。されば其の詞をうけてと解くべきにはあらじ。

（香川景樹『百首異見』より）

注（＊）『初学』＝賀茂真淵の著した歌論書。
　撰者＝『千載集』の撰者。

問一　傍線部(1)(2)を現代語訳せよ。

解答欄：(1)一三・〇㎝×二行
(2)一三・〇㎝×三行

問二　傍線部(3)はどういうことか、簡潔に説明せよ。

解答欄：一四・〇㎝×三行

問三　周防内侍の歌に対する『初学』の評価について、筆者は「非也」と批判している。その批判の内容を二つに分けて説明せよ。

解答欄：各一四・〇㎝×四行

二〇一二年度　理系

三　次の文は、内大臣が北の方の死後に幼い娘の部屋を訪れる場面を描いたものである。これを読んで、後の問に答えよ。

なにとなくしめやかなる行ひの隙《ひま》に、昼つ方姫君の御方へおはしたれば、宰相の乳母・侍従など二、三人ばかり候ひて、昔の御事など言ひ出づるにやあらん、うち萎《しを》れつつながめあへり。姫君は小さき几帳引き寄せて添ひ臥し給へり。歳の程よりもこよなく大人びて、上のことを尽きせず思し嘆きたるけにや、すこし面痩《おもや》せ給へるしも限りなく見え給ふ。*鈍色《にびいろ》の*細長ひき重ねて着給へるぞなかなかなまめかしく様殊《こと》なる。*前斎宮より御文とてあるを見給へば、薄紫の色紙にいとこまやかに書き給ひて、奥つ方に、

　植ゑおきし*垣ほ荒れにし*とこなつの花をあはれとたれか見るらん

とあり。(1)「この返しとく」とそそのかしきこえ給へば、いとどつつましげに思したれど、筆など取りまかなひて、御厨《づ》子《し》なる薄鈍《うすにび》の色紙取り出でて書かせ奉り給ふ。(2)御手なども行く末思ひやられて、いと見まほしくうつくし。

(3)垣ほ荒れてとふ人もなきとこなつは起き臥しごとに露ぞこぼるる

（『苔の衣』より）

注（＊）　鈍色＝濃い鼠色。
細長＝女児や若い女性用の着物。
前斎宮＝亡き北の方の姉にあたる人。

垣ほ荒れにし＝北の方が亡くなったことをたとえる。「垣ほ」は垣根のこと。

とこなつ＝なでしこの別名。

問一　傍線部(1)を、主語を補って現代語訳せよ。

解答欄：一四・〇㎝×二行

問二　傍線部(2)はどういうことか、わかりやすく説明せよ。

解答欄：一四・〇㎝×二行

問三　傍線部(3)を現代語訳せよ。

解答欄：一四・〇㎝×四行

二〇一一年度　文系

三

次の文は、江戸時代の武家の女性が記したものである。これを読んで、後の問に答えよ。

(1)ふるさとの荒れたる様を見て、昔の人の嘆きつる歌共、いと多かる。そはいみじかりつる都の年経てあらずなりぬる様、はた己《おの》が住めりし里など、いつしか異やうに変はれるを見ては、おのづからあはれ催すべかめり。己が生まれつる所は、四つ屋といひて、公人《おほやけびと》などいふかひなきものの彼是《かれこれ》住みわたりつれど、かやぶき板屋などむねむねしからず。大方田舎めきよろぼひたる家ども打ちまじれり。一とせ如月のつごもりばかり、此わたりを行きかひしけるついでに、入りて見けるに、昔すめりし家のあとは草むらとなりぬ。そこはかとなく分け入るに、しかすがに庭とおぼしきわたりは植木など枯れ残り敷石所々にあり。いたく苔むしたる井筒に立ちより見れば、水のみ昔にかはらず澄めり。(2)かの「あるじ顔なる」と詠めりしもことわりにて、はやくのことさへ思ひ出でらる。古くおぼえし木どもみだりがはしう繁りあひ、はた垣のもとに並植ゑたる桜の木ども、かたへは枯れてむらむらに残れるが、折知り顔に色めきたれど、(3)花もてはやす人もなかめるを、誰見よとてかと思ふに、おもほえずうち嘆かれぬ。此花の木どもはそのかみ母屋に向かひたれば、親はらから打ちつどひ春毎に、盃とりつつ打ち興じもてはやしつるを、今は其世の人独りだに残らず、ただ我のみたちおくれて、昔の春の夢語りを、さらに語らふ友もなし。

(4)こととはぬ花とはおもへどいにしへをとはまくほしき庭ざくら哉

奥の方は少しくだりて、片山かけたる坂をゆくに、父君の愛《め》でて植ゑつると聞きおきたる、梅の木どもの大きなる、かたへは朽ちなどしつれど、若葉の色いと清気《きよげ》にて、(5)花の盛りには雪とのみ見渡されにしも、ただ今の心地してすずろに物がなし。

（『井関隆子日記』より）

注（＊）　しかすがに＝そうはいっても。
　　あるじ顔なる＝『源氏物語』の登場人物の一人、明石の尼君が、久しぶりに戻ってきた旧宅の遣水を見て詠んだ歌「住み馴れし人はかへりてたどれども清水ぞ宿のあるじ顔なる」の一句。

問一　傍線部（1）について、その理由を筆者はどのように考えているか、説明せよ。

解答欄：一四・〇cm×四行

問二　傍線部（2）について、引用された和歌の大意を踏まえつつ、筆者の気持ちを説明せよ。

解答欄：一四・〇cm×五行

問三　傍線部（3）～（5）を、適宜ことばを補いながら、現代語訳せよ。

解答欄：各一三・〇cm×三行

二〇一一年度　理系

三　次の文を読んで、後の問に答えよ。

（1）文かく事は用広きわざにて、よろづ何さまの事も文に載せたる、後の世にも伝ふべきものなれど、おろそかになすべからず。もしその書きざまつたなき時は、ことのこころを尽す事かたし。かかれば心あらん人は、よく文のかくやうを学びてあるべき事なるを、今の世の人はただ月をあはれみ、花をもてあそぶなどの、（2）はかなき心やりぐさとのみおもへる人の多かるはたがへり。この頃『閑居筆録』といふものを得たるに、文のこと記せるにいと心ゆく論あり。かの都に名高かりし*伊藤の翁が齢《よはひ》の末に書かれたるものとぞいふなる。その書にいへらく、

古人ノ為《つく》ルコトレ文ヲ、如《クス》二病家ノ*作リテレ書ヲ請ヒレ医ヲ、窮人ノ*写シテレ帖ヲ*貸ルガ一レ銭ヲ。唯ダ恐ルルノミ二其ノ意之不シテレ達セ而聴ク者之不ルコトヲ一レ察セ。

何ノ暇アリテカ*奇‐崛ニシ二其ノ句ヲ一、*琱‐絵シテ二其ノ詞ヲ一、以テ求メンレ勝ツコトヲ哉。

といへり。これよく文つくる心得をさとせり。さいへど漢文《からぶみ》の事は、わがよく知らぬ事なればいはじ。近き頃の人の和《やまと》文《ぶみ》をつくるを見るに、みだりに人の耳とほき古言をつづりて、人をおどろかさんとする人多し。もと文のつたなきも、たくみなるも、さとびたるも、みやびたるも、詞の古きあたらしきによるにはあらず。そは詞の用ひざま、その趣《おもむき》を得たると、趣を得ざると、その人の心のさとり明らかなると暗きとにあり。ことのいひざまいやしからず、心よくとほりて、ととのほり正しきをよき文とはいふになむ。

（村田春海『織錦舎随筆』より）

注（＊）　伊藤の翁＝江戸時代の京都の儒者、伊藤東涯。『閑居筆録』はその晩年の漢文随筆。

作書、写帖＝ともに手紙を書くこと。

貸＝ここでは借りるの意。

奇崛＝奇抜なさま。

琱絵＝美しく飾ること。

問一　傍線部(1)を現代語訳せよ。　解答欄：一四・〇㎝×四行

問二　傍線部(2)を、必要なことばを補いながら現代語訳せよ。　解答欄：一四・〇㎝×二行

問三　この文では、文章をどのように書くべきだと説いているか。文中に引用されている「伊藤の翁」の意見をも含めて簡潔に説明せよ。　解答欄：一四・〇㎝×五行

二〇一〇年度　文系

三

次の文は、後醍醐天皇の鎌倉幕府打倒計画に協力した公家たちが、幕府方に捕らえられ流罪になったことを述べたものである。これに先立ち、天皇も隠岐島に流されていた。これを読んで、後の問に答えよ。

花山院の大納言師賢《もろかた》は、千葉介貞胤《さだたね》うしろみて、下総へくだる。五月十日余りに都出でられけり。思ひかけざりし有様ども、いみじ*ともさらなり。

(1)別るとも何か嘆かん君住までうきふるさととなれる都を

北の方は花山院入道右の大臣家定の御女《むすめ》なり。その腹にも、また異腹《ことはら》にも、公達あまたあれど、それまでは流されず。*上のいみじう思ひ嘆き給へるさま、あはれに悲しけれど、(2)今は限りの対面だに許さねば、晴るくるかたなく口惜しく、よろづに思ひめぐらされて、いと人わろし*。

今はとて命を限る別れ路は後の世ならでいつを頼まん

源中納言具行《ともゆき》も、同じころ東《あづま》へ率て行く。(3)あまたの中に、とりわきて重かるべく聞ゆるは、さま異なる罪に当たるべきにやあらん。

内にさぶらひし*勾当《こうたう》の内侍は、つねすけの三位の女《むすめ》なりき。早う帝むつましくおはしまして、姫宮なども取う出奉りしを、そののちこの中納言いまだ下﨟《げらふ》なりし時より、ゆるし給はせて、この年ごろ二つなきものと思ひかはして過ぐしつるに、かくさまざまにつけて、あさましき世を、なべてにやは。

日にそへて嘆き沈みながらも、同じ都にありと聞く程は、吹きかふ風のたよりにも、さすがことと ふ慰めもありつるを、(4)つひにさるべきこととは、人の上を見聞くにつけても、思ひまうけながら、なほ今はと聞く心地、たとへんかたなし。この春、君の都別れ給ひしに、そこら尽きぬと思ひし涙も、げに残りありけりと、(5)今ひとしほ身も流れ出でぬべく覚ゆ。

（『増鏡』より）

注（＊）　いみじともさらなり＝「いみじといふもさらなり」の略。
上＝北の方。
人わろし＝みっともない。
勾当の内侍＝この文によると、はじめ後醍醐天皇の寵愛《ちょうあい》を受けて姫宮を産み、後に具行の妻となった女性。

問一　傍線部(1)の和歌を現代語訳せよ。なお、「君」は後醍醐天皇を指す。　解答欄：一三・九㎝×二行

問二　傍線部(2)(3)を、適宜ことばを補いながら、現代語訳せよ。　解答欄：各一二・九㎝×二行

問三　傍線部(4)を、「さるべきこと」の内容を明らかにして、現代語訳せよ。　解答欄：一三・九㎝×三行

問四　傍線部(5)はどのようなことをいっているのか、わかりやすく説明せよ。　解答欄：一三・九㎝×三行

二〇一〇年度　理系

三

次の文を読んで、後の問に答えよ。

近き頃にや、筑紫*に探題なりし人、時うつり世かはりて、昔のやうにもあらず衰へにければ、あひ知りける友だちの、いま探題もたる人を頼みて、筑紫へ下り侍りけるに、京に残しおきける妻、家貧しけれども、かしこき人にて、とかくとりつくろひ、子どもを育てて侍りけるが、(1)いかなる便りにても男のありさま聞くべきと、朝夕まちわびける折ふし、筑紫より文おこせければ、喜びてこの文を見るに、(2)在京の堪忍おもひやられて心ぐるしきよしなど書きつづけて、宰府*絹あまた、その他もさまざまの物を、おびただしく上《のぼ》すよしを書きつらねければ、いとうれしくて、なほ読みもてゆく奥に、(3)あらばかくこそやらまほしけれと、たはぶれごとを書き侍り。女この文を顔にあてて、泣く泣く思ふやう、げにこの色々のまことにあらば、さこそ上せまほしく思ひ給ひ侍りけめど、御身だに人を頼みて下り給ふほどの御ことなれば、(4)いかでかよろづ御こころにかなふ事もおはすべきと、推し量るに、あはれにいたはしく悲しくて、涙ながらに返りごとかきける奥に、

　こころざしあるかたよりのいつはりはたがまことよりうれしかりけり

と詠みて、子どもをもとにかくに育て侍るよしなだらかに申しくだし侍るとなん。

（『女郎花物語』より）

注（＊）　筑紫に探題なりし人＝中世、九州全体の統括の任にあたった探題の長官であった人。

宰府絹＝九州特産の絹織物。

問一　傍線部（1）〜（4）を、適宜ことばを補って、現代語訳せよ。

解答欄：（1）・（3）・（4）各一二・九㎝×二行
（2）一二・九㎝×三行

問二　文中の和歌を現代語訳せよ。

解答欄：一三・九㎝×三行

二〇〇九年度　文系

三

次の文章は、父である西行が出家し、ほどなく母も出家したために、幼い頃から養母の冷泉殿に育てられ、今は女の童として人に仕える娘が父に再会した様子と、その後の出来事を記したものである。これを読んで、後の問に答えよ。

事の有様などを聞きてむすめにいふやう、「そこの生れ落ちしより、心ばかりははぐくみし事は、おとなになりなん時は、御門の后にも奉り、もしはさるべき宮ばらのさぶらへをもせさせんとこそ思ひしか。かやうのつぎの所にまかなひせさせて聞こえんとは、夢にも思ひよらざりき。(1)たとひ、めでたき幸ひありとても、世の中の仮なる様、とにかく心やすき事もなかんめるを、尼になりて母がかたはらに居て、仏の宮仕へうちして、心にくくてあれかしと思ふなり」といふ。やや久しく打ち案じて、「承りぬ。(2)はからひ給はせんこと、いかでかたがへ奉らん。さらば、いつと定め給へ。其の時いづくへも参りあはん」といふ。「わかき心にありがたくもあるかな」と返す返す喜びて、しかじか、其の日めのとのもとへ行きあふべき事よくよく定め契りて帰りぬ。

此の事、又知る人もなければ、誰も思ひもよらぬ程に、明日になりて、「この髪を洗はばや」といふ。冷泉殿の聞きて、(3)「ちかう洗ひたるものを。けしからずや」などいはれければ、ただことさらにいへば、「物詣でやうのためなり」と思ひて洗はせつ。明くる朝に、「急ぎてめのとのもとに行くべきことのある」といへば、車など沙汰して送る。今すでに車に乗らんとする人の、「しばし」とて帰り来て、冷泉殿にむかひて、つくづくと顔うち見て、いふこともなくて、立ち帰りき。車にのりて去ぬ。あやしく覚ゆれど、かかる事あるべしとはいかでか知らん。かくて、(4)久しく帰らねば、おぼつかなくて尋ねけるを、しばしはとかくいひやりけれど、日ごろ経れば、かくれなく聞こえぬ。冷泉殿は五つよりひとへに我が子のやうにして、片時かたはら離るる事なくてならはしはぐくみ立てるうちにも、おとなびゆくままに、心ばへもはかばかしう、事にふれてありがたきさまなりければ、深くあひたのみて過ぎけるに、かく思はずして永く別れぬれば、「うらめしかりける心づよさかな。*たけき者の筋といふ者、女子までうたてゆゆしきものなり」といひつづけてぞ恨み泣かれける。「但しすこし罪許さるる事とては、すでに車に乗りし時、又見まじきぞかしと、さすがに心ぼそく思ひけるにこそ。させるいふべき事もなきに、しばし立ち帰りて、我が顔をつくづくとまもりて出でにしばかりを、(5)恨めしき中に、いささかあはれなる」とぞいはれける。

（『発心集』より）

注（＊）　たけき者の筋＝武士の血筋。西行はもと、北面の武士であった。

問一　傍線部(1)を、わかりやすく説明せよ。　解答欄：一四・〇㎝×三行

問二　傍線部(2)を、主語を補って現代語訳せよ。　解答欄：一四・〇㎝×二・〇㎝

問三　傍線部(3)を、現代語訳せよ。　解答欄：一四・〇㎝×二・〇㎝

問四　傍線部(4)について、起こった事柄とその経緯がわかるように説明せよ。　解答欄：一四・〇㎝×四行

問五　傍線部(5)は、冷泉殿のどのような気持ちを述べたものか、わかりやすく説明せよ。　解答欄：一四・〇㎝×四行

二〇〇九年度　理系

三

次の文章は、後鳥羽上皇に仕えた源家長の日記の一節である。上皇の寵愛していた更衣が、皇子（若宮）を出産後まもなく死去し、上皇は深い悲しみに沈んでいた。これを読んで、後の問に答えよ。

年月の経るに添へて、(1)つゆ忘れさせ給はぬ御気色の、ときどき漏り出でさせ給ふこそ、あらはに心苦しく見えさせ給へ。京へ帰らせ給ひて後に、若宮の参らせ給へりしこそ、「A御忘れ形見もなかなかなる御もの思ひの催しぐさなりや」と、おぼしめすらむかし。今日ことさらこと忌み*せさせ給ふべきを、なにとなき世のあはれさは、(2)え念ぜさせ給はずや侍りけむ。若宮参らせ給ふなど聞き侍りし日は、何心なき若人たちまで、「いかにあはれにおもほし出づらむ」と申し合ひて、うちしめりて侍るめり。まいて、見参らせ合はれけむ女房たちなど、さぞあはれにおぼしめされけむ。(3)かかる別れの道は、憂き世のならひなれば、日数経る間に思ひ遠ざかり、忘れはてさせ給ふべかめるを、折につけたる御遊びの隙々《ひまひま》にも、「年に添へて忘れがたき」など、御物語のついでにも承る事侍りき。

（『源家長日記』より）

注（＊）　こと忌み＝不吉な言行や涙などを慎むこと。

問一　傍線部(1)〜(3)を、適宜ことばを補いながら、現代語訳せよ。

解答欄：(1)・(2)各一三・〇㎝×二行　(3)一三・〇㎝×三行

問二　傍線部Aはどのようなことをいっているのか、説明せよ。

解答欄：一四・〇㎝×三行

二〇〇八年度　文系

三

次の文章は、『石清水物語』の一節である。女主人公の姫君は左大臣の娘であるが、父親に知られることなく常陸《ひたち》国で生まれ育った。左大臣の正妻（宮）の嫉妬《しっと》を恐れた母親が、常陸守の妻となっていた姉（尼君）を頼って都を離れたためである。母親は姫君を産んで間もなく死去し、尼君が姫君を養育した。成長した姫君は、尼君に連れられて都に程近い木幡《こはた》の里に居を構え、父親と対面する機会を窺《うかが》っている。よく読んで後の問に答えよ。

木幡の里には、「いかにさる事ありとも知られたてまつらん。などてかく人のかたちと生まれながら、親といふ人を一人だに、夢のうちにも見ず知らぬ身となりにけん。なべては一人欠けぬるをだに、うれへ深きことに今も昔も言ひならはしためるを、空より落ちくだりたるもののやうにて世をすぐす身の契り心うく、(1)この世におはせぬこそ力なきことならめ、おなじ世ながら、影をだに一目見たてまつらぬことよ。いかばかりのむくいにて、人に似ぬありさまならん」と思ひつづけて、しほれがちにて年月を送りたまへど、さばかりかなしきものに尼君の思ひはぐくみて、朝夕、後の世のいとなみをばさしおきて、思ひいたらぬことなく心ざしを尽くすめるに、思ふかひなく思はれんとおぼせば、Aさらぬ顔にもてなして明かし暮らしたまふ。

よろづ*ねびととのほり、限りなき御盛りを見たてまつるに、「*いかさまにもてなしきこえんとすらん。いかにして大臣に知らせたてまつらん。さることありしとばかりはおぼし出づらんに、(2)見たてまつりたまひては、おろかにおぼすまじき御様を、宮の御腹にも姫君はおはせざなるに、かくと知らせたてまつりなば、さりとも*かずまへたてまつりたまひてん。いかなるたよりもがな」と思ひめぐらせど、(3)すべて田舎にしづみし後は、都に跡絶えて、さるべきゆかりもなく、また*上の空にはいかがなど思ひわづらひて、仏神にもこれのみを念じきこえける。

（『石清水物語』より）

注（＊）　ねびととのほり＝成長して容姿が整って
いかさまに＝以下は、尼君の心中を表現したもの
かずまへたてまつりたまひてん＝（我が子として）人並みに扱ってくださるであろう
上の空には＝何の拠り所もなくては

問一　傍線部（1）〜（3）を、それぞれ文意が明らかになるように、ことばを補って現代語訳せよ。

解答欄：（1）一三・七㎝×四行
（2）・（3）各一三・七㎝×三行

問二　傍線部Aについて、
（イ）「さらぬ顔」とは、この場合どのような様子をいうか、説明せよ。

解答欄：一三・七㎝×二行

（ロ）姫君がこのように振る舞っているのはなぜか、説明せよ。

解答欄：一三・七㎝×五行

二〇〇八年度　理系

三

次の文を読んで、後の問に答えよ。

昔、おとこ女あひすみけり。齢《とし》などもさかりにて、よろづ行く末のことまで浅からず契りつつあり経《ふ》るに、この夫、思ひのほかにはかなくなりにけり。その後、(1)涙にしづみて、あるにもあらずおぼえけるを、我も我もとねんごろにいどみいふ人ありけれど、いかにも許さざりけり。これを聞くにつけても、亡きかげをのみ心にかけつつ時のまも忘るるひまなくて、終に命を失ひてけり。その屍《かばね》は石になりにける。(2)ことわりや契りしことのかたければつひには石となりにけるかな
この石をばその里の人々「望夫石」とぞいひける。
(3)ひとすぢに思ひとりけむ心のありけむありがたさもこの世の人には似ざりけり。

（『唐物語』より）

注（＊）　あひすみけり＝結婚していた
いどみいふ＝求婚する
いかにも＝決して

問一　傍線部(1)を、主語を明らかにして、現代語訳せよ。

解答欄：一四・〇㎝×二行

問二　傍線部(2)の和歌を、適宜ことばを補いながら、現代語訳せよ。

解答欄：一四・〇㎝×三行

問三　傍線部(3)を、適宜ことばを補いながら、現代語訳せよ。

解答欄：一四・〇㎝×三行

二〇〇七年度　文系

三

次の文を読んで、後の問に答えよ。

俊成卿云ふ、歌とはよろづにつきて、我が心に思ふことを言葉に言ひ出《いだ》すを歌といふとのたまひ、定家卿は和歌に師なし、心をもて師とすと仰《おほ》せられたり。(1)おほかた姿はやすく心得たるを、人ごとの心には、余所《よそ》より、遠く求め出すべきやうに存ずる故に大事なり。

この道、神代より始まりて、わが国の風《ふう》となれり。人と生るるもの、心なく、言葉なきはあるべからず。しかれば、(2)その思ふことを口に言はんことかたかるべしや。例へば、あら寒むやと思ひ、小袖を着ばや、火に当らばやと言ひ出す、これすなはち歌なり。歌のはじめは、「*あなにえや」と言ひ出し給ひける、これ歌なり。その後、(3)心に思ふこと多ければ、言葉も多く言ひつらねき。三十一字に定め、句を五七五七七に定めけることは、「*八雲《やくも》たつ出雲《いづも》八重垣《やへがき》」の歌より、(4)この文字数くばり聞きよしとて、今に学べり。されば歌の本体とは、ありのままの事をかざらず言ひ出すを本とせり。

それを万葉の末つかたより、*曲を詠みそへて歌のかざりとしたるなり。(5)例へば「*ほのぼのと明石の浦」と詠めるがごとし。ただ明石の五《いつ》文字なるべくは、「播磨なる」と置くべきに、ほのぼのと明らかなど言ふを、言の花のにほひにしたるなり。その時代にも飾らずありのままによめるもあり。(6)人の化粧《けはひ》したると、ただがほなるとのごとし。

（『冷泉家和歌秘々口伝』より）

注（＊）　あなにえや＝イザナキとイザナミの二神が天の御柱をめぐりながら互いを褒めたたえあったという感嘆の言葉。

八雲たつ出雲八重垣の歌＝スサノヲノミコトの歌「八雲たつ出雲八重垣妻ごみに八重垣つくるその八重垣を」。五七五七七形式の最初の歌として知られる。

曲＝おもしろみ。

ほのぼのと明石の浦＝柿本人麻呂の歌「ほのぼのと明石の浦の朝霧に島がくれ行く舟をしぞ思ふ」。なお、明石は播磨国の瀬戸内海岸にある地名。

問一　傍線部(1)は、人々の考え方が歌の姿（おもむき）を得難くさせていることを述べている。適宜ことばを補って現代語訳せよ。　解答欄：一四・〇㎝×四行

問二　傍線部(2)～(4)を、それぞれ適宜ことばを補って現代語訳せよ。　解答欄：各一二・七㎝×二行

問三　傍線部(5)はどのようなことを言うのか、解釈せよ。なお「明石の五文字」とは「明石に冠する五文字」の意である。　解答欄：一四・〇㎝×四行

問四　傍線部(6)のたとえは、どのような意味か、説明せよ。　解答欄：一四・〇㎝×三行

二〇〇七年度　理系

三

次の文を読んで、後の問に答えよ。

中納言長谷雄《はせを》卿は、学九流に渡り芸百科に通じて、(1)世に重くせられし人なり。ある日夕暮れがたに、内裏へ参らむとせられける時、見も知らぬ男の、眼居《まなこゐ》賢げにて凡人《ただびと》ともおぼえぬ、来ていふ、「つれづれに侍りて、双六《すごろく》を打たばやと思ひ給ふるに、(2)その敵《かたき》恐らくは君ばかりこそおはせめ、と思ひ寄りて、参りつるなり」といへば、中納言あやしう思ひながら、試みむと思ふ心深くして、「いと興あることなり。いづくにて打つべきぞ」といへば、(3)「これにては悪しく侍りぬべし。わがゐたる所へおはしませ」といへば、「さらなり」とて、物にも乗らず供の者も具せず、ただ一人男に従ひて行くに、朱雀門のもとに至りぬ。「この門の上へ昇り給へ」といふ。(4)いかにも昇りぬべくもおぼえねど、男の助けにてやすく昇りぬ。すなはち盤・調度取り迎へて、「賭物《かけもの》には何をかし侍るべき。われ負け奉りなば、君の御心に見目《みめ》も姿も心ばへも足らぬ所なくおぼさむままならむ女を奉るべし。君負け給ひなば、いかに」といへば、「われは、身に持ちと持ちたらむ財宝《たから》を、さながら奉るべし」といへば、「しかるべし」とて打ちけるほどに、中納言ただ勝ちに勝ちければ、男、しばしこそ世の常の人の姿にてありけれ、負くるに従ひて賽《さい》を掻き心を砕きけるほどに、(5)元の姿現はれて、恐ろしげなる鬼の形になりにけり。「恐ろし」とは思ひけれども、「さもあれ、勝ちだにしなば、彼は鼠《ねずみ》にてこそあらめ」と念じて打ちけるほどに、つひに中納言勝ちはてにけり。

（『長谷雄草子』より）

問一　傍線部(1)〜(4)を現代語訳せよ。

解答欄：各一二・七cm×二・〇cm

問二　傍線部(5)はどのような意味か、説明せよ。

解答欄：一二・七cm×三行

二〇〇六年度

三

次の文は、江戸幕府五代将軍徳川綱吉の側用人柳沢吉保に仕えた正親町町子《おおぎまちまちこ》の日記の一節である。宝永二年（一七〇五）三月勅使が到着し、綱吉を右大臣とする宣旨が伝えられた。柳沢吉保は、この慶事のすべてを取りしきった。ここに掲げた文には、それに続く吉保の日々の様子が記されている。これを読んで後の問に答えよ。

かく、こなたかなた、御よろこびをのみいひつづくるほど、れいよりも御いとまなし。おまへちかき花は、今さかりにて、春ふかきよもの梢おもひやられて、しらぬ山路だにとはまほしきに、まして*かの山里の花はいかにいかにと、たえず心もとながり給ふ。かしこより一えだ、ふたえだ折りて奉れたるに、「あはれ、れいよりもめでたく咲きにたりや。ことしは、かくのみことしげくて、ゆきてみむも難《かた》かんなるを、いかがはせん。(1)あやにくにも咲き出たる色こさかな。まして、このもとはいかに」などのたまふ。

いかで、さらむいとままち出てなどは、猶おぼす事たえず、夜《よ》の間《ま》のかぜもこころもとなきほど、にはかに嵐いとあらく吹きたる夕などは、ましてしづ心なく、(2)おほふばかりの袖もえ得まじう、わりなき事となげかせ給ふ。

日かずもすぎぬ。おまへの桜、やうやううつろひゆくに、かぞふれば(3)春のかぎりにもなりにけり。「*山には春も、とおもへど、くちをしきにては、なほえやむまじう」などのたまひて、御いとまこしらへいでて、けふぞ山ざとに入らせ給ふ。おもひしよりは猶さかりにて、今ぞ御心おちゐぬ。れいの山水のをかしきところどころ、日ぐらしめぐらひありき給ふ。大かたのこずゑは、(4)さいへど、やうやううつろひがちにて、ともすればつらきかぜの、こころにまかせてちり行くめるを、(5)かしこうもきたりけりとおぼしなりぬべし。口ずさびに、

(6)まだちらぬ花しありともけふみずはあすやなごりもなつのこのもと

（『松蔭日記』より）

注（＊）　かの山里＝駒込にあった吉保の山荘。
　山には春も＝清原深養父の歌「花ちれる水のまにまにとめくれば山には春もなくなりにけり」（古今和歌集）を踏まえた表現。

問一　傍線部(1)を、状況がわかるようにことばを補って、現代語訳せよ。　解答欄：一四・〇㎝×五行

問二　傍線部(2)は、『後撰和歌集』の歌「大空におほふばかりの袖もがな春さく花を風にまかせじ」を踏まえている。その点に注意しながら、傍線部(2)を現代語訳せよ。　解答欄：一四・〇㎝×四行

問三　傍線部(3)の意味を記せ。　解答欄：一四・〇㎝×一行

問四　傍線部(4)について、「さ」の指示する内容がわかるように、意味を記せ。　解答欄：一四・〇㎝×二行

問五　傍線部(5)で、筆者は誰のどのような気持ちを述べようとしているのか、文脈に沿って説明せよ。　解答欄：一四・〇㎝×四行

問六　傍線部(6)の和歌を、掛詞が使われていることに留意して、現代語訳せよ。　解答欄：一四・〇㎝×五行

二〇〇五年度

三

次の文を読んで、後の問に答えよ。

我が難波のふるさと人の、母一人を、兄おとと妹はらから三人がかしづきて、(1)兄は老いゆくままに、「めとれ」といへど、「いかなるものの出で来て、親につらきことやあらん」とてむかへず。弟といもうとは、人の養はんといへど、母のかたはらを去らじとてゆかず。母物に詣でんといへば、弟兄二人して輿《こし》にかきのせ、になひもてゆく。妹はつとそひてなぐさむる。はたおほやけに聞こし召されて、物かづけ、重く賞ぜさせ給ひしなり。(A)ある人の母これを聞きて、「あなたふとし。かかる宝の子を産みならべし人は、神ほとけの化身にや。ただいぶかしきは、めとらず養はせず、後いかなりともはかり思はで、その輿に乗りて出で遊ぶらん親の心こそ知らね」と、我に語られし。これも世のことわりに承り侍りき。

また鎌倉の何がし寺に住ませ給ふ大徳《だいとこ》は、伊予の国大洲の浦辺に、いさりする人の子とか。*知識の名天の下に聞こえ給ひしかば、国の守の菩提院に召されて、道の教へを聞かせ給ひし。この便《たより》につきて、まづ母の老いておはすを拝み奉らんとて、詣で給ひしに、(B)母のいはく、「おもひきや、蜑《あま》の子のかくたふときになり昇りて、*かうの殿の御召しをさへかうむらんとは。されどそれただ才能のかたの学びをえて、まこと仏の教へにはうときにやあらん。さきざきの便ごとに、文に巻きそへて、黄がね白かねをおくりたまはること、いかなる心ぞや。今の子の立ち走りて、網曳《あびき》釣だにせば、たふとき財宝をも何にかはせん。この贈らるるは、世の人の仏に奉りし物ならずや。さらば道のためにこそちらすべきを、浅ましき世わたりする身の、これを納めて、いかばかりの罪をかむくはれん。(2)親のため思はぬなり。いと恐ろしさにかへすぞ」とて、つつめるままあまた投げあたへぬ。大徳おそれみかしこみ泣きわびぬとや。これら人の語りしままなれば、まこと偽《いつはり》はしらねど、学ばでもかくたふとき人もありけらし。

（上田秋成『藤簍冊子《つづらぶみ》』より）

注（＊）　知識＝善知識のこと。ここでは高僧の意。
　かうの殿＝藩主。

問一　傍線部（1）を現代語訳せよ。　解答欄：一四・〇㎝×四行

問二　傍線部（2）を、意味が通るように、ことばを補って現代語訳せよ。　解答欄：一四・〇㎝×四行

問三　傍線部（A）「ある人の母」はどの点を「たふとし」と考え、どの点を「いぶかし」と考えているのか、説明せよ。　解答欄：一四・〇㎝×四行

問四　傍線部（B）について、「母」は何を言おうとしているのか、簡潔に説明せよ。　解答欄：一四・〇㎝×五行

問五　筆者は、この二つの挿話を通して何を言おうとしているのか、わかりやすく述べよ。　解答欄：一四・〇㎝×五行

二〇〇四年度

三　次の文は、横井也有の「伯母を悼む辞」（『鶉衣』）である。尾張藩の武士であった作者は、藩主に従って江戸に赴く前に、いとまごいのために伯母を訪れたが、江戸に着いた直後に彼女の訃報《ふほう》に接してこの文章を書いた。作者は、俳諧・俳文や書・画などにすぐれた多趣味の人として知られている。よく読んで後の問に答えよ。

こはそもはかなき世なりけり。過ぎしはわづかに二十日あまり、*武蔵《むさし》に旅立する御いとま申さむとて訪ひまゐらせしに、（イ）例のまめやかにもてなさせ給ひ、のどやかに御物語ありしが、おまへなる瓶に花ども多くささせ置き給ひしにつけて、過ぎし冬、桜の挿し木といふこと人にならひて庭にささせ侍りしに、（ロ）まことにあやまたずなんと啓し侍りつれば、嬉しきこと聞きつるもの哉、今年の冬かならずささせてむ、そのすべきやう教へてとのたまはせしほどに、かかる御別れあるべしとは思《おぼ》しかくべきや。なほ何くれと語りつづけさせ給ふついでに、このごろ思しよれることあり、下に賤《あや》しの耕《たがや》す男《をのこ》かきて、上つかたに雲雀《ひばり》の高く上《あが》りたるさま画《か》きて、それに発句して得させよとありしに、いとこちたくこそ、すずろなる筆のいかが、及びがたくや侍らん、今は*旅のいそぎにしづ心なく侍れば、さるべき発句も頓《とみ》には思ひよりがたくなむ、さるにても吾妻《あづま》に下り侍りて、いかで念じて、まほならずとも画きととのへて奉りてむとうけがひまゐらせし、そのいとまもなくて、今はた悔《くや》しき数《かず》とはなりぬ。我が母上をはじめて、女の御はらから*九ところまでおはしつ。*皆にげなからぬよすが定まらせ給ひながら、うちつづきて世を早うさり給ひ、今は二方ばかりぞ残りとどまり給へば、（ハ）母上うせさせ給ひし後は、いとど御かたみとも見奉れば、なほざりに過ぎこしほどもとりかへさまほしう、今は身のおほやけにいとまなきものから、（ニ）いかでうとからず仕へ奉る折もがなと、行末遠く思ひてしを、かかるはかなき便り聞きける心の、いくたびもただ夢かとぞたどられ侍る。彼ののたまはせし空の雲雀も、*雲隠れ給ふべきはかなきさとしにや

とさへ、のこるかたなく思ひつづくるままに、

なき魂《たま》やたづねて雲になく雲雀

注(＊) 武蔵＝ここでは江戸のこと。後に「吾妻」とあるのも同じ。

旅のいそぎ＝旅行の準備。

九ところ＝九人。

皆にげなからぬよすが定まらせ給ひ＝それぞれ相応の縁におつきになって。

雲隠れ＝死ぬことの婉曲表現。

問一 傍線部(イ)～(ニ)を、それぞれ主語・目的語などの言葉を補いながら現代語訳せよ。

解答欄：(イ)・(ロ) 各一三・〇㎝×一行
(ハ)・(ニ) 各一三・〇㎝×二行

問二 波線部の「かかる御別れあるべしとは思しかくべきや」について、作者はこの時の伯母をどのように回想しているのか、わかりやすく説明せよ。

解答欄：一四・〇㎝×三行

問三 伯母から画と発句を所望された作者は、どのように答えたか。その答えの内容を簡潔に記せ。

解答欄：一四・〇㎝×四行

問四 文末の発句の意味を解説せよ。

解答欄：一四・〇㎝×二行

二〇〇三年度

三　次の文章は、中世の物語『しのびね』の一節である。女主人公の姫君は、ふとした機会に内大臣（ここでは殿とよばれる）の子、四位中将という貴公子と結ばれ、男の子（若君）にも恵まれて幸福であったが、二人の仲を喜ばない内大臣は、息子の中将に権勢家の娘との結婚を強要し、中将もそれを受け入れざるを得なかった。それを知って悩む姫君が、さらに中将から、内大臣が若君を自邸に引き取って育てることになったと告げられる場面である。よく読んで後の問に答えよ。

姫君は、をこがましく、さのみ思ひ沈みて見え奉らじと、さらぬ気色にもてなし給へど、心に思ふこと、などか見えざらん。*殿は、若君迎へ奉らんとて、日まで定め給へば、「これさへなくて、なほいかにつれづれならめ」と、(1)いたはしく思《おぼ》す。また「若君を見給ひては、母君のことを、さのみなさけなく思し捨てじ」と思へば、(2)かつはうれしくて、(3)*「あこをこそ迎へんとのたまへ。さ心得給へ。御つれづれこそ心苦しかるべけれ」とのたまへば、またこれさへかなしくて、生まれ給ひし日より、片時立ち去ることもなくて、ならひ給へば、恋ひしかるべけれども、殿へおはしては、人となり給はんもよきことと(4)思しなぐさめて、御装束などこしらへ給ふ。

*明日とての日は、もろともに例のつきせぬことどものたまふ。姫君は、若君を御膝におきて、たださめざめと泣き給へば、御顔うちまもりて(5)「何を泣き給ふぞ。*小車《をぐるま》のほしきか」とて、うつくしき御手にて、御涙をかき払ひ給へば、せんかたなくかなしくて、「あこを見るまじきほどに、恋ひしからんことを思ひて泣くぞ」とのたまへば、(6)「など見給ふまじき。よくも見給へ」とて、御顔さしあて給へば、忍ぶべき心地もせずむせかへり給へば、中将も涙にくれて、ものものたまはず。

注（＊） 殿＝内大臣、あるいは内大臣の邸宅。
あこ＝我が子。若君を指す。
明日とての日＝いよいよ明日という日。
小車＝玩具の車。

問一 傍線部（1）（2）に述べられている中将の思いを、それぞれわかりやすく説明せよ。

解答欄：（1）一三・〇㎝×三・〇㎝
（2）一三・〇㎝×四・〇㎝

問二 傍線部（3）を、各文の主語を明らかにして現代語訳せよ。

解答欄：一四・〇㎝×三・〇㎝

問三 傍線部（4）の「思しなぐさめて」という姫君の思いはどのようなものか、わかりやすく説明せよ。

解答欄：一四・〇㎝×四・〇㎝

問四 傍線部（5）（6）は、どちらも若君の言葉である。それぞれ、母親のどのような態度・言葉を、どのように理解して言った言葉なのか、わかりやすく説明せよ。

解答欄：各一三・〇㎝×四・〇㎝

二〇〇二年度

三

次のA・Bの文を読んで、あとの問に答えよ。

A　粟田殿（藤原道兼）の御男君達ぞ三人おはせしが、太郎君は福足《ふくたり》君と申ししを、(1)幼き人はさのみこそはと思へど、いとあさましうまさなう悪しくぞおはせし。

東三条殿（藤原兼家）の御賀に、この君舞をせさせ奉らむとて、習はせたまふほども、あやにくがり、すまひたまへど、よろづに＊をこつり、祈りをさへして、教へきこえさするに、その日になりて、いみじうしたて奉りたまへるに、舞台の上に昇りたまひて、物の音、調子吹き出づるほどに、わざはひかな、「吾《あれ》は舞はじ」とて、角髪《びづら》ひき乱り、御装束はらはらと引き破《や》りたまふに、粟田殿、御色ま青にならせたまひて、あれかにもあらぬ御気色なり。ありとある人、(2)「さ思ひつることよ」と見たまへど、すべきやうもなきに、御をぢの中関白殿（藤原道隆）の下りて、舞台に昇らせたまへば、「言ひをこつらせたまふべきか、また、憎さにえ堪えず、追ひおろさせたまふべきか」と、かたがた見侍りしに、この君を御腰のほどに引きつけさせたまひて、御手づからいみじう舞はせたまひたりしこそ、楽もまさりおもしろく、かの君の御恥もかくれ、その日の興もことのほかに増さりたりけれ。祖父殿（藤原兼家）もうれしとおぼしたりけり。父大臣はさらなり、よその人だにこそ、すずろに感じ奉りけれ。(3)かやうに人のためになさけなさけしきところおはしましけるに、など御すゑかれさせたまひにけむ。

この君、くちなは凌《れう》じたまひて、そのたたりにより、かしらに物はれて、亡せたまひにき。

（「大鏡」より）

B

福足といひ侍りける子の、遣水《やり》に菖蒲《さうぶ》を植ゑをきて(4)亡くなり侍りにける後の年、生ひ出でて侍りけるを見侍りて

栗田右大臣

しのべとやあやめも知らぬ心にもながからぬ世のうきに植ゑけむ

（「拾遺和歌集」より）

注（＊）　をこつる＝だましすかす、機嫌をとる。

問一　傍線部(1)について、

（イ）　現代語訳せよ。

（ロ）　「さ」が指示する部分を、原文のまま抜き出せ。

解答欄：各一二・九㎝×一・五㎝

問二　傍線部(2)を、「さ」が指示する内容が分かるように現代語訳せよ。

解答欄：一三・九㎝×二・〇㎝

問三　傍線部(3)を現代語訳せよ。

解答欄：一三・九㎝×三・〇㎝

問四　傍線部(4)の「亡くな」った事情は、A文から知られる。それを現代語で述べよ。

解答欄：一三・九㎝×二・〇㎝

問五　B文中の歌の、「あやめ」は「菖蒲」の意と「文目《あやめ》、すなわち物事の道理・分別」を掛けている。また「うき」は「憂き」と「浮《うき》、すなわち水分の多い泥深い地」を掛けている。それに留意して歌の意味を解説せよ。

解答欄：一三・九㎝×六・一㎝

二〇〇一年度

三　次の文を読んで、あとの問に答えよ。

吾が師常によみ出らるる歌、いと遅吟にして、人の許《もと》にゆきて、そのむしろにのぞみてよまるる歌も、ある時はけふはよみ得ぬなりとて、ひねもす考へられたるままにて、空しく帰らるる事度々なりき。文詞なども、筆とられてより、幾度か稿をかへて、なほ心に落ちゐぬほどは、そのまま厨子の内に巻き入れおかれて、心のおもむけるをり取出ては、消し補ひなどせられし事常なり。されば(1)みづから許して、清書せらるるに及びては、誤れる事をさをさなかりしなり。荒木田久老神主は、その心掟大に異にして、早吟なるのみならず、序文など人に乞はれて物せらるるをりなども、筆をとりて紙に対《むか》へば、詞腸たちまちに動くとて、案をも設けず、ただちに筆を下されしとぞ。秀才なる事はほめ聞こゆべき事なれど、さればこそその文詞、ともすれば考へたらぬ事の打交じるをり有りき。又余りに筆の走るに任せられて、深く考へらるるまではなかりし事も有りしとぞ。今いづれをかよしといはん。我が家の仏尊ぶとにはあらねど、俊頼口伝抄にもいはれたる事有りき。その詞に、(2)なほ歌をよまんには、いそぐまじきなり。いまだ昔よりとくよめるには、かしこき事なし。されば貫之などは、歌一首を十日廿日にこそよみたれと有り。かくいにしへ人のいひおかれたるを思ふにも、口ときのみすぐれたる事とはいひがたかるべし。然のみならず、たとひ筆とりて、すなはちなれる文詞なりとも、その時こそいちはやき筆づかひをほめて、いささかの疵《きず》あらんも見許してはめづべけれ。後世に伝はりたらんに、(3)誰か見る人ごとにむかひて、「この文は案をも設けずものしたるなり、さればいささかの疵は有りぬべき事よ」とは、ことわりいふ人のあらん。そのをりはたとひ千度百度書き消し書き改むとも、疵なき玉とならんには、後世に伝はりて、誰人もげにとめづべき物なるをや。この劣り優りいかにかあるらん。世の歌人のさだめいふところ聞かまほし。

（『泊洦《ささなみ》筆話』より）

（注）むしろ＝席
詞腸＝詩を作る心。
我が家の仏尊ぶ＝自分の方のものはすべてがよいと思っていることのたとえ。
俊頼口伝抄＝平安時代の歌人源俊頼の著した歌論書「俊頼髄脳」のこと。

問一　傍線部(1)・(2)・(3)を現代語訳せよ。

解答欄：(1)・(2)各一三・〇cm×五・〇cm　(3)一三・〇cm×六・〇cm

問二　早吟の人に対する筆者の考えを簡潔にまとめよ。

解答欄：一三・九cm×七・一cm

問三　筆者は、遅吟の作と早吟の作が後世どのような評価を受けるというのか、作られた当時の評価と比較しながらわかりやすく説明せよ。

解答欄：一三・九cm×八・〇cm

二〇〇〇年度

三

次の文は、『住吉物語』の一節である。女主人公の姫は、事情があり、心ならずも父中納言の家を出奔して摂津の住《すみ》吉《よし》に隠れ住み、彼女を片恋する男主人公の中将は、彼女の行方を神仏に祈って捜している。話は、従者たちをともなって初瀬（長谷寺）に参籠した男主人公が、暁がたに霊夢を得るところに始まる。これを読んで、あとの問に答えよ。

春秋過ぎて、九月ばかりに初瀬に籠りて、七日といふ、夜もすがら行ひて、暁がたに少しまどろみたる夢に、(1)やんごとなき女、そばむきて居たり。さし寄りて見れば、我が思ふ人なり。嬉しさ、せんかたなくて、(A)「いづくにおはしますにか、かくいみじきめを見せ給ふぞ。いかばかりか思ひ嘆くと知り給へる」と言へば、うち泣きて、「かくまでとは思はざりしを。いとあはれにぞ」と言ひて、「今は帰りなん」と言へば、袖をひかへて、(2)「おはしましどころ、知らせさせ給へ」とのたまへば、

わたつ海のそことも知らず侘《わ》びぬれば住吉とこそ海人《あま》は言ひけれ

と言ひて、立つをひかへて返さずと見て、うちおどろきて、夢と知りせばと、悲しかりけり。

さて、「仏の御しるしぞ」とて、夜の中に出でて、「住吉といふ所、尋ねみん」とて、御供なるものに、「精進のついでに、天王寺、住吉などに参らんと思ふなり。をのをの帰りて、この由を申せ」と仰せられければ、「いかに御供の人なくては侍るべき。捨て参らせて参りたらんに、よき事さぶらひなんや」と慕ひあひけれども、(B)「示現《じげん》をかうぶりたれば、そのままになむ。ことさらに、思ふやうあり。言はんままにてあるべし。いかに言ふとも、具すまじきぞ」とて、御随身一人ばかりを具して、浄衣のなへらかなるに、薄色の衣に白き単《ひとへ》着て、藁沓《わらぐつ》、脛巾《はばき》して、竜田山越え行き、隠れ給ひにければ、聞こえわづらひて、御供のものは帰りにけり。

（注）　捨て参らせて参りたらんに＝お供申し上げずに邸に帰参したなら、の意。
示現＝神仏が霊験を示すこと。お告げ。

問一　傍線部（1）・（2）を現代語訳せよ。　解答欄：各一二・九cm×一・六cm

問二　傍線部（A）・（B）を、適当に言葉を補いながら現代語訳せよ。　解答欄：各一二・九cm×三・五cm

問三　文中の和歌を、その技法に留意しながら解釈せよ。　解答欄：一四・〇cm×五・〇cm

問四　波線部を、適当に言葉を補いながら現代語訳せよ。なお、「夢と知りせば」は「思ひつつ寝ればや人の見えつらむ夢と知りせばさめざらましを」という古歌を踏まえた表現である。　解答欄：一四・〇cm×四・〇cm

一九九九年度

三

次の文を読んで、あとの問に答えよ。

神の社にまれ、御陵にまれ、歌枕にまれ、(1)何にまれ、はるかなる古《いにし》へのを、中頃とめ失ひたるを、今の世にしてたづね定めむことは、おほかたたやすからぬわざになむありける。そのゆゑをいはむには、まづこの古き所をたづぬるわざは、ただに古への書《ふみ》どもを考へたるのみにては知りがたし。いかにくはしく考へたるも、書もて考へ定めたることは、その所にいたりて見聞けば、いたく違ふことの多きものなり。(2)よそながらはさだかならぬ所も、その国にてはさすがに書きも伝へ語りも伝へて、まがひなきこともあり。さればみづからその地《ところ》にいたりて、見もし、そこの事よく知れる人に問ひ聞きなどもせでは、事足《た》らはず。またただ一たび物して見聞きたるのみにても、なほ足らはず。行きて見聞き、立ちかへりて、また書どもと考へ合せて、またまたも行きて、よく見聞きたるうへならでは、定めがたかるべし。さてまたその所の人にあひて問ひ聞くにも、心得べきことくさぐさあり。古への事を、あまりたしかに知り顔に語るは、多くは、書の片はしをなまなまに考へなどしたるものの、おのがさかしらもて定めいふが多ければ、そはいと頼みがたく、なかなかの物損《ものぞこな》ひなり。また世に名高き所などをば、外《ほか》なるをも、しひておのが国おのが里のにせまほしがるならひにて、ただいささかのよりどころめきたることをも、かたくとらへて、しひてここぞといひなして、しるしを作るたぐひなど、はた世に多きを、さる心してまどふべからず。書などはむげに見たることなき、ひたぶるの賤《しづ》の男《を》の、おぼえゐて語ることは、尻口《しりくち》合はず、しどけなく、ひがことのみ多かれど、その中にはかへりてをかしき事もまじるわざなれば、さるたぐひをも心とどめて聞くべきわざなり。されどまた、昔なまなまの物知り人などの尋ね来たるが、ひが定めして、ここはしかじかの跡ぞなど教へおきたるを聞きをりて、里人はまことにさることと信じて、子孫《こうまご》などにも語り伝へたるたぐひもあんなれば、うべうべしく聞こゆることも、なほひたぶるにはうけがたし。またみづからその所のさまを行き見て定むるにも、くさぐさ心得べき事どもあり。おほかた所のさま神さびて、木立しげく、もの古《ふ》りなどしたるを見れば、(3)ここここそはと目とまるものなれど、それはたうちつけには頼みがたし。おほかた何ならぬ所にも、古めきたる森林《もりはやし》などは多くあるものなり。木立など二三百年をも経ぬるは、いといともの古りて見ゆるものなれば、古く見ゆるにつきても、たやすくは定めがたきわざなりかし。

（『玉勝間』六）

問一　傍線部(1)〜(3)を現代語訳せよ。

解答欄：(1)一四・〇cm×四・〇cm　(2)・(3)各一四・〇cm×三・〇cm

問二　古書に記載された名所旧跡の場所を確定するためには、現地へ行って調査し、その土地の人の話も聞かなければならないと、筆者はいう。しかし、土地の人の話だからといってそのまま信用してしまうのはよくないということをも、いろいろな事例に即して述べている。それらの事例をすべて挙げて、筆者のいうところを説明せよ。

解答欄：一四・〇cm×一三・〇cm

問三　次に筆者は、自分で実地調査をする場合にもいろいろ気をつけなければならないことがあるとして、具体的な事例を一つ挙げている。それはどのようなことか、説明せよ。

解答欄：一四・〇cm×三・〇cm

一九九八年度

三

次の文を読んで、あとの問に答えよ。

花は生くるも投げ入るるも、おのおのその法ありとぞいふめる。されど片田舎なる人は知らず。知らずとて花のめでたからぬかは。軒に半ば垢つきたる花桶のかたくななるを、心ぼそくも糸にかけて、(1)花の多かる多からぬは童《わらべ》山賤《やまがつ》の手にまかせつつ、捨てやらず取りつくろはず、つかみ挿せば、おのがまにまに乱れあひて、仰ぐべきは垂れ、低かるべきは高く、思ふままならぬも、(A)人の世になずらへてをかし。(2)花の名残りはさらなり。枝あぢきなく枯れ、葉あはれに衰へぬるが、興深ければ、いつもささがにの蜘蛛《くも》の住みかとなるまで換へやらで、(3)旧きに新たなるを重ぬれば、よそ目さぞいぶせからん。隣りなる亀てふ童の、此のごろ桜惜しげなく折りきて、元てふ子に挿させたるが、風にさそはれ、文のはし硯の面《おもて》に散りかかりて、人の心をなやませしも、いつか昨日《きのふ》の昔にて、(4)あとは若葉の、わづかなる水を命とも知らず、緑を添へ、花しべ艶《えん》に残れり。行く春のかたみと思へば、いかで捨てやはやるべき。蝶や蜂の来なれて、たづね迷ふも心苦しく、椿しやがやうのもの折り添へぬれば、かれも所得顔《ところえがほ》に遊びたはむれつつ、「万物静かに観れば皆自《みなじ》得《とく》」といふことなど思ひ出でて、口ずさみけり。かの枝をわがね、葉をすかし、花房を摘み、色うつろへばやがて情けなくかいやり捨つるを口惜しとは、(B)われひとりして思ふことにや。

（三浦梅園『梅園拾葉』）

（注）亀・元＝筆者の周囲にいる子供の名。

しやが＝植物の名。晩春、あやめに似た白い小形の花を開く。

万物静かに観れば皆自得＝宋の儒者、程明道の詩の一節。この世のあらゆる物事を静かに眺めてみると、皆それぞれ、それなりのあり方で安らかに存在している、の意。

わがね＝曲げ。たわめ。

問一　傍線部(1)〜(4)について、単なる現代語訳ではなく、どういうことをいっているのか、分かりやすく説明せよ。
解答欄：各一三・〇㎝×二・五㎝

問二　傍線部(A)について、何がどのように「をかし」なのか、分かりやすく説明せよ。
解答欄：一四・〇㎝×四・〇㎝

問三　傍線部(B)について、何をどのように思うのか、分かりやすく説明せよ。
解答欄：一四・〇㎝×四・〇㎝

出典一覧

年度	番号		類別	出典	
2022	3	文	歌論	『国歌八論余言』	田安宗武
		理	歌集	『建礼門院右京大夫集』	建礼門院右京大夫
2021	3	文	歴史物語	『栄花物語』	
		理	歌論	『正徹物語』	正徹
2020	3	文	日記	『和泉式部日記』	和泉式部
		理	随筆	『北辺随筆』	富士谷御杖
2019	3	文	歌論	『三のしるべ』	藤井高尚
		理	物語	『落窪物語』	
2018	3	文	歌論	『風雅和歌集』＜仮名序＞	
			歌論	『風雅和歌集』＜真名序＞（設問引用：漢文）	
		理	紀行	『肥後道記』	西山宗因
2017	3	文	詩話	『夜航余話』	津阪東陽
		理	随筆	『海人のくぐつ』	中島広足
2016	3	文	歌物語	『伊勢物語』	
			注釈	『勢語臆断』（設問引用）	契沖
			説話	『説苑』（設問引用：漢文）	劉向
		理	狂言教訓書	『わらんべ草』	大蔵虎明
2015	3	文	物語	『うつほ物語』	
		理	説話	『雑々集』	
2014	3	文	日記	『とはずがたり』	後深草院二条
		理	注釈	『百人一首聞書』	
			随筆	『牛の涎』	小倉無隣
2013	3	文	物語	『源氏物語』	紫式部
		理	随筆	『玉勝間』	本居宣長
2012	3	文	注釈	『百首異見』	香川景樹
		理	物語	『苔の衣』	

2011	3	文	日　記	『井関隆子日記』	井関隆子
		理	随　筆	『織錦舎随筆』	村田春海
2010	3	文	歴史物語	『増鏡』	
		理	仮名草子	『女郎花物語』	
2009	3	文	説　話	『発心集』	鴨長明
		理	日　記	『源家長日記』	源家長
2008	3	文	物　語	『石清水物語』	
		理	説　話	『唐物語』	
2007	3	文	歌　論	『冷泉家和歌秘々口伝』	
		理	物　語	『長谷雄草子』	
2006	3		日　記	『松蔭日記』	正親町町子
2005	3		随　筆	『藤簍冊子』	上田秋成
2004	3		俳　文	『鶉衣』	横井也有
2003	3		物　語	『しのびね』	
2002	3		歴史物語	『大鏡』	
			和　歌	『拾遺和歌集』（藤原道兼）	
2001	3		随　筆	『泊洦筆話』	清水浜臣
2000	3		物　語	『住吉物語』	
1999	3		随　筆	『玉勝間』	本居宣長
1998	3		随　筆	『梅園拾葉』	三浦梅園

■解答欄の例■

一四・〇cm×三行（内容説明など）

一三・〇cm×三行（現代語訳など）

(3)